はじめに

後悔したくないから

憧れのマイホームを建てる！　誰にとっても住まいをつくることは人生で一度あるかどうかの大きな買い物です。

「住宅展示場に行ってみよう」とおっしゃる方が多いでしょう。そして、「悩んでもよくわからないな。営業の人も親切そうだし、この住宅業者にお願いしちゃおうか！」と結局一番感じのよさそうな住宅業者にお願いする人も少なくないはずです。

でも……ちょっと待ってください！

庭付き一戸建てを買うんですよね⁉　その庭のことまでちゃんと考えていますか⁉

モデルハウスは、流行を取り入れた理想の間取りになっています。どれも素晴らしいです。

しかし、住宅展示場にはほとんどの場合、庭はありません。つまりモデルハウスの建物の素晴らしさ、美しさだけで魅了され、多くの人が一生に一度の大切な買い物をしてしまうのです。

私は建築業界に30年、その中でエクステリア業界には20年おり、現在は独立してエクステリア会社の代表を務めています。一戸建てを実現させたお客様から後追いで外構や庭の施工・改修の相談をいただくケースが後を絶ちません。みなさん、一様におっしゃるのが「家をつくるとき、庭や外構まで考えていなかった」ということです。

後から外構を施工するのは費用もかさみ、満足のいく庭にすることがとても難しくなります。

「目からウロコ」の新常識

ではどうすれば後悔のない快適な住まいにできるのか？

それをお伝えすることが、本書を書いた一番の目的です。

これから一戸建てを建てようとしている方。注文するのはぜひ本書を読んでからにしてください。

また、初めて一戸建てを計画している「家パパさん」と住まいづくりの専門家「庭スマさん」に登場してもらい、2人の会話を通して問題点を一緒に考えることができるようにもなっています。

おそらく、本書を読んだ後には「目からウロコ」、これまであなたご自身が学んできた住まいづくりの常識がひっくり返ると思います。そして発注計画を練り直すことになるでしょう。

でもどうか「面倒だ」なんて言わないでください。本書に書かれていることは、大切なご家族がずっと笑顔でいるために、大切な住まいでずっと生活するために必要なことばかりなのです。

住まいづくりは夢があります。その夢の実現に向かって、最後までワクワクしながらお読みいただければと思います。

2021年3月

セレン・トセンド株式会社 代表取締役　丸山マナブ

7つの新常識！　家づくりは、庭・外構から始めよう
―「後悔しない住まいづくり」は、まず「エクステリアプランナー」に相談！　目次

はじめに　「誰も教えてくれない住まいづくりの大切なこと」

第1章　新常識1　「家」をつくる人と「庭・外構」をつくる人

第2章　新常識2　建物だけが家ではない

第3章　新常識3　「家づくり」の前に「庭づくり」をする

第4章　新常識4　よい業者とは「相性のよい業者」のこと

第5章　新常識5　「よい外構」が「よい家」をつくる

第6章 新常識6 小さな土地こそ、すごい家ができる

第7章 新常識7 住宅業者に主導権はない。施主はあなたです！

第1章

新常識1

「家」をつくる人と「庭・外構」をつくる人

「家パパさん」と「庭スマさん」①マイホームが欲しい！

家パパ：決心したぞ。マイホームをつくる！　今から始めれば住宅ローンも無理なく返済できそうだし、子供たちのためにもよい家を建てるぞ！
庭スマ：それはすばらしい！（突然後ろから登場）
家パパ：うわっ、ビックリしたぁ～！　あなたは誰！？
庭スマ：突然すみません……。エクステリアのプロ「庭スマ」と申します。住まいづくりのことなら何でもご相談ください。
家パパ：エクステリアのプロなのに住まいづくりの何でも、ですか？
庭スマ：はい。住まいづくりの何でもです。よろしければ、家パパさんが理想の住まいをつくるためにも、家パパさんについて少し教えていただけませんか？
家パパ：あ、はい。歳は34歳、ハジメテ商事で営業マンをしています。家族は妻と子どもが3人、上から7歳、3歳、1歳です。今はアパート住まいですが、子どもが3人いると手狭で……。それに友人たちが次々とマイホームを建てているので、自分もと決心しました！
庭スマ：なるほど。家パパさんは住まいづくりについてどれくらいご存知ですか？
家パパ：恥ずかしながら……ほとんど何も知りません。だから今度の休みに、近くの住宅展示場まで家族で行ってみようかと思っていたところなんです。庭スマさんみたいな「理想の住まいづくりの専門家」に出会えてちょうどよかったです。

庭スマ：恐縮です。「住宅展示場に行ってみようかと思っていた」ということは、家パパさんはハウスメーカーに住まいづくりを依頼することを考えてらっしゃるわけですね？

家パパ：え⁉　マズいですか？

庭スマ：いいえ、そんなことはありません。ハウスメーカーに相談すれば、すばらしい家をつくってくれますよ。それこそ住宅展示場にあるような立派な建物です。ただ……。

家パパ：ただ？

庭スマ：住まいづくりというのは「それぞれ専門の業者が集まって1つの住まいを造る」ということを頭に入れておいてほしいのです。

家パパ：ハウスメーカーの大工さんが造ってくれるんじゃあ……。

庭スマ：ないんですよ。ハウスメーカーの下請けさんや依頼を受けた業者さんが造ります。

家パパ：やっぱりそうだったんですね。まあ、そうかなー　なんて思ってはいました。ハハ。

庭スマ：家パパさん、わたしは俄然、燃えてきました！　家パパさんほど教えがいのある人は久しぶりです！

家パパ：それってホメられてるのかなあ。
庭スマ：まず、住まいづくりにはどんな業種の人が関わるのか、そこから説明しますね！

1　住まいづくりに関わる人たちを知っておく

住まいづくりはプロジェクト

住まいづくりとは、いわば「一大プロジェクト」です。あなたが住まいをつくろうと決心した瞬間が、そのプロジェクトのスタートとなります。ですから住まいづくりにどんな業種の人が関わるのか、それを知っておくことはとても大切です。

主な関連業者は次のとおりです。

①不動産業者……建物をたてる場所（土地）を探します。
②設計業者……建物を設計し、設計図を書きます（建築規模に見合った建築士が担当）。
③基礎工事業者……建物の基礎をつくります。
④建築業者……建物全体をつくります（構造体・屋根・外壁・サッシ等）。
⑤内装業者……建物の内側をつくります（仕切り壁・建具・壁紙・床面・天井等）。
⑥電気、管工事業者……電気、水道、ガスなどインフラをつくります（水廻り・電気設備等）
⑦外構業者……塀や門、駐車スペースなどの外構をつくります（エクステリアプランナーが担当）。

他にも住宅ローンを借りるときは、銀行や日本政策金融公庫などの金融機関に相談しますし、登記をする際には司法書士に依頼することになります。

ハウスメーカーの役割

「あれ？　住宅業者は？」と思われる人がいるかもしれません。ハウスメーカーや工務店などの住宅業者の主な仕事は「○○工法」といった独自の施工技術をアピールしながら家を「売る」こと。そして計画通りに家づくりが進んでいるかを「管理」することです。

ハウスメーカーは家づくりの「元締め」的な役割を担いますので、住宅業者、中でもハウスメーカーに相談すれば①の土地探しから登記まですべて手配してくれます。ですから住まいをつくる施主さん、つまりお客様にとってハウスメーカーに任せることはとても楽な選択になります。

実際、ハウスメーカーはよい家をつくってくれますし、特段の欠陥がある家にはなりません。しかし、忘れてはならないことがあります。そこで生活する人は、１人ひとり事情も生活様式も違うということです。

設計の段階から、さらに言うなら「マイホームを持とう」と決めたときから、自分や家族にとってどんな住まいがふさわしいのか考えておかねばなりません。間取りはもちろんですが、生活様式によってキッチンのつくりも、玄関の位置も、コンセントの数や配置まで違って然るべきなのです。

とりわけ建物の外廻り、外構の部分は軽視されがちですが、使い勝手のよし悪しが後になってわかります。初期計画にしっかり組み入れておきましょう。

ハウスメーカーに任せる部分は任せ、一方で自分の意見はしっかり伝えるということ。

そのスタンスでハウスメーカーとお付き合いすることが大切です。

2 ハウスメーカーと工務店

両者の違いは何？

住まいづくりを相談するのは必ずしもハウスメーカーとは限りません。工務店があります。

住宅業者とはハウスメーカーと工務店を総称した言葉ですが、両者の違いに明確な定義はありません。家づくりの工事全般を管理すること、業者や職人さんを手配してくれる点も同じです。「○○工務店」という社名であっても全国に支店や支社を持ち、大規模に展開している会社もあるので、名称で分けることもできません。

強いていうなら、ハウスメーカーはメーカーというだけあって、独自の施工法を持っており、別会社（ディーラーやフランチャイズ）を通して家を販売します。実際の施工はその別会社から発注を受けた下請業者が行うのが普通です。

対して工務店は、建設会社として地元の中小企業である場合が多く、自ら企画設計し、自社の社員（職人）が直接施工します。それこそ社長一人で営業から職人さんの手配、施工管理まで奮闘されている工務店も数多く存在します。

土地探しについては、多くのハウスメーカーが自社の不動産部門や提携している不動産会社を通して物件を探してくれますので、メリットはあるでしょう。

コスト面ではどうでしょうか。ハウスメーカーは独自工法の開発経費やＣＭなどの宣伝広告費、大勢の営業マンの人件費に数十億円という規模の莫大な費用がかかってきます。それは当然、建物価格に反映されますので、どうしても建物価格は「工務店＜ハウスメーカー」となりますが、コストだけでどちらを選ぶかというのも難しい選択です。

というのも、ハウスメーカーは社員教育や販売接客マニュアルがしっかりしているため、親切な対応をしてくれますし、工法や材料が一律になっているため、全国に同様の施工事例をたくさん持っているという点では安心して任せられます。また、一律なだけに工期が短くて済むケースも多いようです。

一方、比較的小規模の工務店はそこまで一律というわけではありませんが、地域密着型経営である場合が多く、地元のお客様を大切にしますから自由度はあるはずです。職人さんの融通を聞いてくれる業者、意見を尊重してくれる工務店がきっとあなたの地域にもあるでしょう。

任せるのか、こだわるのか

次に完成後のアフターフォローですが、ほとんどのハウスメーカーで無料の修理期間や定期点検サービスなどのメンテナンス制度が整えられていますので、その点は安心できます。小規模の工務店は整えられたメンテナンス制度こそありませんが、困ったときにはすぐに駆けつけてくれるでしょう。これこそ地域密着型サービスのよさだと思います。

ただし、小規模の工務店の場合は、一度に施工できる物件数に限りがありますので繁忙期は着工まで待たされることもありますし、時にフランクとも見える対応に戸惑う人もいるようです。そういった点は事前に理解しておく必要があります。

また、最近ではフランチャイズ加盟店となっている地元工務店も登場しています。大手ハウスメーカーに住まいづくりを依頼したのに、実際に工事を請け負うのは地元工務店だった、というケースはよくあることです。

このようにハウスメーカーと工務店、どちらも一長一短あります。すべてを任せたいならハウスメーカー、自分の意見にこだわった住まいにしたいなら、地元の工務店ということになりそうです。いずれにしてもそれぞれの特長を踏まえた上で相談することが、後のトラブル回避につながることは間違いありません。

他にも直接、建築設計事務所の建築士と家づくりをする方法もあります。ハウスメーカーや工務店とは違った、建築士の個性が出やすい設計です。

1つの作品をつくる感覚で家づくりが進んでいくので、建築に興味があったりその道に進もうと考えている方には向いている方法かもしれません。

【図表１　住宅業者】

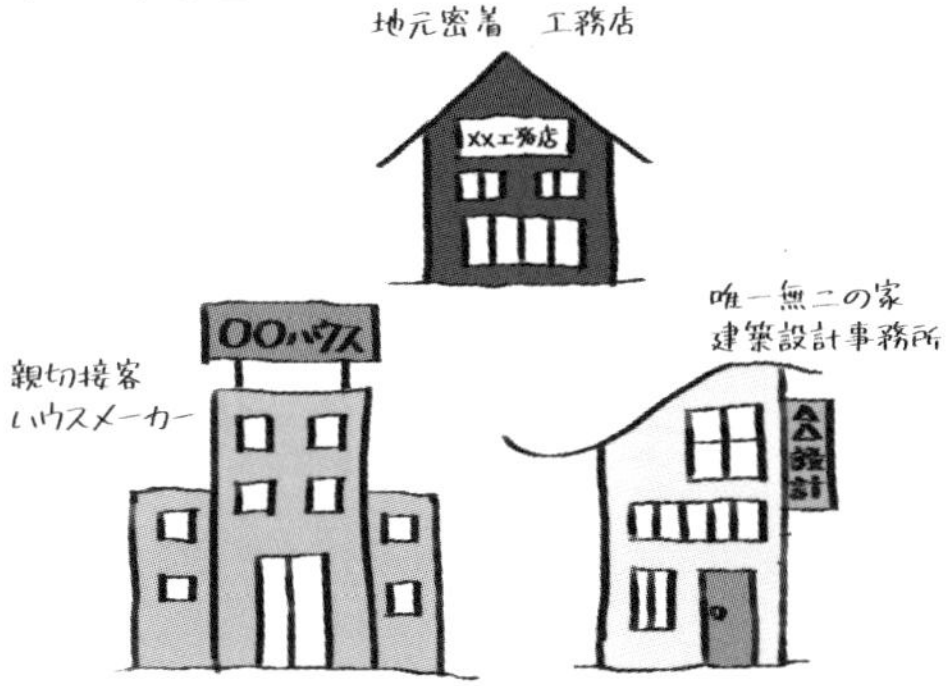

※以降、本書では便宜上、ハウスメーカーと工務店ほか主に住宅を建設する者を「住宅業者」と表記します。

3　エクステリア業者、外構業者、造園業者

外廻り全般を相談するなら

他にも相談すべき人たちがいます。エクステリア業者、外構業者、造園業者と呼ばれる業者です。建物の外廻りの工事を行いますので、こちらの役割や特徴を理解しておくことも大切になります。

エクステリア業者と外構業者は基本的には同じと考えてよいでしょう。そもそもエクステリアという言葉は建物の内装を指すインテリアに対してつくられた造語ですが、今では一般的となり、よく使われるようになりました。

エクステリア業者は、主に敷地の境界に建つフェンスや塀、門、さらに駐車スペース、門から玄関までのアプローチ部分、庭のウッドデッキやテラス屋根、水栓、近代的造作物など、

外廻りのありとあらゆる造作物を担当します。

これに対して造園業者は、植栽などの庭づくりやガーデニングといった、造作物というよりそこにある植物を主に担当します。

しかし、これらの業者も最近では分類が難しくなっています。エクステリア業者が庭園の植栽をすることもありますし、造園業者がエクステリアをつくることもあるのです。

それでもやはり得意な分野はありますので、エクステリア業者選びをするときには、「もともと何が専門なのか、どういった資格を取得しているのか」という部分を基準にすることをおすすめします。

※以降、本書では便宜上、主に家の外廻りを建設する者を、エクステリア業者と表記します。

洒落た建物なのに残念！

一番悩ましいのが、住宅業者に建物も外構もすべて任せてしまうことです。先にもお話しましたが、住宅業者の本来の役割は家を「売る」ことと、家づくりを「管理」することです。建物（家）には「〇〇工法」といった独自の施工法や、各種メンテナンスなど独自サービスを提供できるのですが、外廻りについてはそういったサービスはないと言ってよいでしょう。

お客様も家を購入しにきているのですから、建物を中心に考えることは極自然であり、当然のことです。しかし、どうでしょう。「豪華で大きな建物なのに、庭が土のままになっている」、「現代風のデザインで洒落た建物なのに、安価なメッシュフェンスまたはフェンスそのものがない」。

皆さんの周囲にもこんな新築のお宅があるのではないでしょうか。

なぜこんなことが起きるのでしょう。

これについては後でお話しますが、ズバリ、建物だけで予算を使い果たしてしまったからです。エクステリア業者はその役割上、庭があっての建物であり、建物があっての庭であることを理解している数少ない業者と言えます。

「こういった建物を建てたいんだけど、外廻りの外構はどうしたらよいかな？」

「こんな暮らしをしてみたいけど格好よくて使い勝手もいい住まいにするにはどうしたらいい？」

建築を始める前なら、エクステリア業者はそんな相談にも答えてくれるはずです。ぜひ地域の身近なエクステリア業者を有効活用していただきたいと思います。

４ 住まいづくりの流れを知っておこう

自分でも学んでおこう

ここまでを一旦整理する意味で、住まいづくりの基本的な流れを確認しておきましょう。次ページでわかりやすくフローチャートにしてみましたので、ぜひ参考にしていただきたいと思います。

ほとんどの人が住まいづくりは初めてです。わかっているようでわかっていなかったということ

【図表２　基本的な住まいづくりのフローチャート】

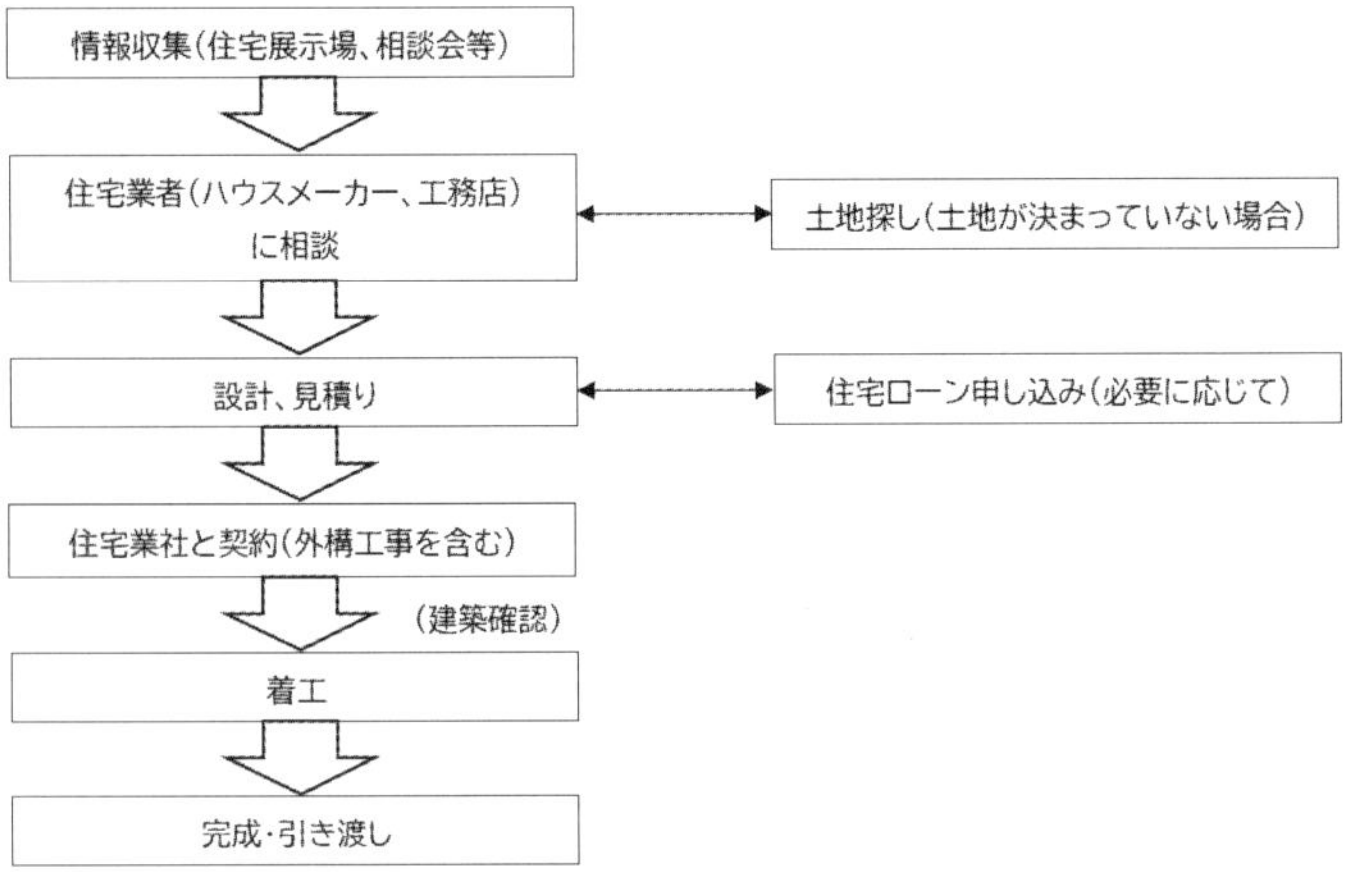

もあるのではないでしょうか。

とにかく大切なのは事前計画です。工事が始まってからではどうにもならないこともありますし、途中での計画変更は余計な費用がかさむ危険があります。

入居した後になってその不便さに気づき、完成後間もなく改修工事をしたという事例も少なくありません。

そのためにもすべてを住宅業者に言われるまま進めるのではなく、自分でも勉強して基本的な知識だけでも知っておくことは大切なことなのです。

何も知らなければ住宅業者に質問さえできないでしょう。

どのような住まいにしたいのか、家族のこと、将来のことを考えながら後悔のない住まいづくりを目指しましょう。

住まいづくりの基本的フローチャート

情報収集は、住宅展示場や相談会に参加するのもよい方法ですし、住宅情報誌や専門書籍、またネット情報など、可能な限り情報を集め、事前に必要な知識と住まいに対するイメージを持っておきましょう。

外廻りの外構をエクステリア業者に相談する場合は、住宅業者に相談する時点でその旨を伝える必要があります。そうしないと、建築価格に意図しない外構工事も含めた見積りが出ることになり、施主さんの考え方や希望が反映されないまま着工してしまうため要注意です。

また、着工の後、工事途中の段階で費用の一部を業者に支払わなければならないケースも多くあります。事前に業者と確認し、その場合は必ず住宅ローンを申し込む時点で「つなぎ融資」も合わせて申し込みましょう。

5 知っておくべき住まいづくり用語

住宅業者との会話がスムーズになるために

住まいづくりの基本的な流れをつかんだら、住まいづくりに関する用語も知る必要があります。

実際には数百もの専門用語がありますが、ここでは特に最近流行りのスペースや知っておくべき用語を選び、建物に関する用語と外構（エクステリア）に関する用語を分けて解説します。

【図表3　建物に関する用語】

建ぺい率……地域ごとに定められており、敷地に対する建築面積（建物の面積）の比率。例えば敷地面積が１００㎡で建ぺい率が50％の敷地なら、建築面積は50㎡が上限となる。

基礎工事……建築物を支え，安定させるための建物の最下部につくる構造物。礎石・土台づくり。

小屋裏……最上階の天井と屋根の間にできる空間。居住スペース（部屋）としては使用できないが、はしご階段を使い収納スペースなどに活用できる。

開口部……窓や玄関など、建物に設けられた出入口のこと。人が出入りするものだけでなく、採光や通風、換気のための小さな窓や屋根の天窓なども含まれる。

ユーティリティスペース……広さを必要とした家事（アイロンやミシンなど）をするためのスペース。一般的にはキッチンや洗面所に隣接した場所につくる。

スキップフロア……建物の床面の一部に高さを変えた部分を持たせた仕様のこと。住宅の一部が地下になっていたり、車庫を一階に組み込んだ場合、また敷地が傾斜している場合などにも、床の高さを半階ずつずらした空間をつくり活用できる。

【図表4 外構に関する用語】

敷地境界……道路や隣地との境界線。一般的にはコンクリート杭等でその位置を示してある。その杭と杭を結んだのが敷地境界。後のトラブルを避けるためにも、ブロックやフェンス等で敷地所有者を明確にしておくのが通例。

クローズ外構……建物とその周辺を塀で囲む閉鎖的な外構のこと。門や車庫なども含め、住宅と一体感を持たせた高級感があるデザインが可能でセキュリティーやプライバシーも守られる。

オープン外構……門などはなく車庫から玄関までをオープンにし開放的で、クローズ外構に比べ安価なデザインが可能な分、セキュリティーやプライバシーは希薄になる。

エクステリアプランナー……資格認定試験を通して認定された、エクステリアの設計や工事管理に従事する者。1級と2級がある。

アプローチ……道路から玄関ポーチまでの専用通路。

桝・配管……雨水、汚水、給水、ガス等の供給処理のために地下に埋められる管のこと。後の外構工事に深く関わってくるので建物着工前の外構計画が重要。

外構分離発注……外構工事を建物（家）の施工業者と分けて、施主が直接エクステリア専門業者と契約をすること。地域によっては外構分離発注が通例になっている。

6　住宅情報誌の目的を知っておこう

住宅情報誌を読むときは

住まいづくりを考えている人の中には、書店やコンビニで住宅情報誌を手に取って見た人も多いでしょう。美しい住まいの写真が並べられ、また住まいづくりの様々な情報もわかりやすく掲載されています。これを見ただけで、もうすぐにでも相談会に行ってみたくなりますね。

自分の住まいのイメージが湧かない人でも、大きな写真で外観から内装、間取りまで手に取るようにわかります。「自分もこんな住まいに住みたいなあ」と夢を膨らませてくれるのです。

しかし、住宅情報誌を活用するとき、1つだけ頭に入れて読んでいただきたいことがあります。それは、住宅情報誌は住宅業者のPR誌であるということです。

新聞を購読していると、中に住宅業者の折り込みチラシが入ってきます。特に週末になると「今度の土日は特別相談会へ！　ご来場の方にプレゼントを差し上げます」というチラシがわんさか入ってきます。住宅情報誌はあの折り込みチラシを1冊にしたものと思ってください。

複数のハウスメーカーの折り込みチラシをまとめて本にしたものが住宅情報誌です。折り込みチラシですと、1社ずつ情報がバラバラになっていますが、住宅情報誌ならたくさんの住宅業者の情報が一度にわかりますし、近所で見かけない会社や聞いたことのない住宅業者の情報までわかりま

【図表５　住宅情報誌】

すから、それはそれで意味があるのです。

ファッション雑誌感覚で

あるいはファッション雑誌のような感覚で読むのも楽しいです。たくさんの人気ブランドの最新ファッションが誌面いっぱいに掲載されています。綺麗でスタイルのよいモデルさんがそんな流行りのコーディネートに身を包んでいると、誰でも「自分もこんな服を着たいなあ」と思うでしょう。

これと住宅情報誌を読んだ人の感想と同じです。その人は顔もスタイルも、モデルさんとは違います。同じ服を着ても、同じように美しく見えるとは限らないわけです。

実際にファッション雑誌に出ていた洋服を買ったとしましょう。着てはみたものの、「肩回りがダボッとし過ぎている」、「何だかお腹のあたりが窮屈だ」、「この色合いは自分には似合わないな……」と結局ほとんど着なかった経験をした人もいるのではないでしょうか。住まいも同じです。大切なのは、その人のスタイルに合っているかどうかなのです。

住宅情報誌に出ている住まいを、そのまま自分の住まいとしてつくっても、住む人の生活スタイルは1人ひとり違います。そのスタイルを最優先しなければ、どんなに美しく見えても使いづらくなってしまうのです。数千円~数万円の洋服でしたらあきらめもつきますが、住まいづくりは額が違います。衝動買いはあってはならないことです。

住宅情報誌は学ぶための本というより、楽しむための本です。広告誌と思って読んでいただくのがよいでしょう。

7 ネット情報の落とし穴を知っておこう

ネットで見積もり!?

ネット情報を参考にする人も多いはずです。試しにキーワード「住宅」で画像検索してみてください。見事な住宅の写真が多数出て来て、それだけでもワクワクしますね。手軽といえばこれほど手軽な情報収集はありません。チョットわからないときにサクッと検索するには、大変便利です。

最近ではネットだけで住まいづくりの見積もりが出せたり、費用をシュミレーションできたりするサイトもあるようです。本来、住まいづくりの見積もりは現場を見て、施主さんと綿密な打ち合わせをしてから出すものです。まさかとは思いますが、ネットの見積額でそのまま住まいが完成するとは思わないでください。あくまで参考程度にとどめるべきでしょう。

「いや、見積もりとはそんなもんじゃない。あちらで出したのだから、この額で工事してもらおう」と突っぱねるとどうなると思いますか？ 本当はもっと費用がかかるのに、当初見積もりの範囲で工事を行うとなると、品質を落とすしかなくなるわけです。見積もりに入っていない、どこかの部分で手を抜くしかなくなるのです。

見積もり額以上の額はどうなる

これはネット見積もりだけの話ではありません。工事の途中で計画が変わったり、あるいは滅多にあるケースではありませんが、住宅業者の責任において見積り額に違いがあった場合は追加料金の請求は業者としても心情的にはばかれます。その場合はやはり材料や仕様などの品質を落とし、帳尻を合わせるしかないのです。

おそらく施主さんは気が付かないでしょう。恐ろしいですね。知らないところで大切な家づくりの手を抜かれているのですから。

それを防ぐためにも、事前の計画と打ち合わせ。これが何より大切です。それができて初めて、工事にあたる業者や職人さんを信頼して任せることができます。

ネットで情報収集するのは簡単で便利ですが、逆に情報が多すぎて、どれを信じていいのか整理がつかなくなる危険があります。「あのハウスメーカーのサイトを見たから、次はこの工務店のページ、今度はこちらのシュミレーションサイトで費用を調べてもらおうか。どうせ参考に調べるだけだから……」と軽い気持ちで調べ始めると、収集した情報に収拾がつかなくなってしまう本末転倒な結果になる可能性があります。

インターネットによる情報収集は一方通行になりがちです。ネットで調べた情報の中で、これと思った会社があったら、わからないことを質問してみるとよいと思います。

「このページに書かれているのはどういう意味ですか?」「こういうケースでも引き受けてもらえますか?」という質問にわかりやすく的確に答えてくれる業者なら信頼できるかもしれません。

やはり最終的には直接話を聞いてみることです。

その会社のポリシーや業務内容も会って話さないとわからないことが多いです。情報は情報として、実際の相談は相談としてネットを上手に活用してください。

8 「売る人」、「つくる人」、「住む人」

「住む人」の希望が最優先

住まいづくりとは「プロジェクト」だと最初にお話しました。そして、そのプロジェクトには大きく「売る人」と「つくる人」に分けられますが、もう1つ忘れてはいけないのが「住む人」です。

住まいとはその言葉どおり「住む人」のためにあります。「売る人」や「つくる人」に任せっ放しにせず、「住む人」も参画しなければ、このプロジェクトは成功しません。住まいづくりに必要な知識を住む人も勉強して身につけてください。

住まいづくりに参画するには任せっ放しにしないことです。わからないことは事前に納得いくまで「売る人」に質問しましょう。具体的にどうすればよいかは、本書の最終章でお話しますが、まずは自分の希望をはっきり伝えることから始まります。住まいづくりは「住む人」の希望が最優先されて然るべきです。そして予算も伝え、この予算内で希望通りの住まいづくりができるのかどうかを確認しなければなりません。

住宅展示場にあるモデルハウスが気に入ったとしても、自分の予算をオーバーしてはつくることができません。ではどこかを変えれば予算内に収めることができるのか、そんなことを臆せず聞いてみるのもよいと思います。

また、外廻りの外構はどうなるのかも確認する必要があります。住宅業者は家を「売る人」ですので、利益を追求します。売上が大きく、利益率の高いものをお客様にすすめるのは当然のことです。その結果、建物を中心に考えるのもまた当然です。

こういった住宅業者のあり方からも、建物と外構は別のものであることがわかります。その認識は、必ず持っておくべきです。

建物にそぐわないエクステリア（外観）

予算の範囲内に収めるため、建物にそぐわない外観になってしまった事例も数多くあります。で

【図表６　「売る人」「つくる人」「住む人」】

すから外構に関しては、建物を主として扱う住宅業者ではなく、外廻り工事専門のエクステリア業者に分離発注することが理想です。見映えはもちろん、敷地の広さや建物のイメージ、住む人の希望や使い勝手を総合的に判断してつくることができるからです。

「つくる人」は、住宅業者などの「売る人」が手配した職人さんです。設計図に基づき、忠実に工事を行ってくれます。「つくる人」に、時には質問してみるのもよいでしょう。何より「いつもちゃんと見ているよ」というメッセージになりますし、職人さんとコミュニケーションが取れるのはとてもよいことです。

職人さんにしても「住まいの完成を楽しみにしてくれている」ということがわかれば、作業に熱が入るというもの。それがお互いのためにもなるのです。

「売る人」、「つくる人」、「住む人」の三者の関係がしっかりしていれば、理想の住まいがつくれます。「売る人」も「つくる人」も、「住む人」の笑顔が見たいのです。

コラム：土地探しの憂鬱

「もうマイホームなんていらない！」

住まいづくりの前に土地探しをしなければ、という場合。

それまで土地とか不動産とか、まったく関わりを持ってこなかった人にとって、これが案外憂鬱なんです。「勉強しなきゃ」「相場を知っておかなきゃ」ってパニックになる人も結構います。

それに希望にかなった土地がすぐに見つかればいいのですが、必ずしもそうとは限りません。焦っておかしな土地をつかまされてはいけないなんて余計な心配をしたり、反対によい土地だったのに慎重になり過ぎて他の人に先を越されてしまったとか、そんな失敗だって考えられますね。

土地探しの方法ですぐに思いつくのが不動産業者に相談するということです。希望の地域にある不動産屋さんを、まずたずねてみること。大事ですね。他には新聞折り込みにも不動産情報がたくさん入っていますので、これも要チェック。

それでも見つからない場合は、希望の地域をブラブラ散策してみるというのも、案外いいかもしれません。「売地。連絡先○○○-×××」なんて看板も出ているところもありますよね。気を付けなくてはいけないのは、「静かでよい場所だな」と思った土地であっても、そこが宅地でなかったり、市街化調整区域だったりすると、家（住居）はつくれませんのでご注意を。

それでも見つからないと、だんだん嫌気がさしてきます。「もうマイホームなんていらない！」っていうマイナス感情でいっぱいになります。

そんなときは、新しい住まいで家族団らんをしている姿を想像するのがよいです。更地に自分の住まいが建っている様子を思い浮かべるのも、もう一度気持ちを前向きにさせてくれます。

地元の業者さんは知っている

全国展開しているような大規模な住宅業者は土地探しからしてくれるところが多いです。予算の範囲で土地と建物セットの見積もりを出してくれますから、そういう意味ではありがたい存在かもしれません。もちろん建ぺい率もしっかり考慮した上で、間取りの提案もしてくれます。

比較的小規模で地域密着の地元住宅業者はそこまで不動産情報は多くないかもしれませんが、文字通り地域密着型なので、意外な穴場を知っている可能性はあります。

いずれにせよ、住宅業者はその土地に建物をつくる責任がありますから、おかしな土地は紹介できません。工務店でなくても、地元の建築関係の業者さんやエクステリア業者さんは細かい情報をよく知っていますので、とりあえず相談してみましょう。本人が知らなくても、信頼できる不動産屋さんを紹介してくれるかもしれません。

それと、もし分譲地を買うとなった場合ですが、施工業者があらかじめ決まっている場合がほとんどですので、その点、申し添えておきます。

第2章

新常識2

建物だけが家ではない

「家パパさん」と「庭スマさん」②人の目に付くところはこだわりたいよね！

家パパ：家を建てる前にいろいろ覚えておくことがあるんですねえ。何だか心配になってきました。

庭スマ：大丈夫ですよ、焦ることはありません。自分一人で勉強するのは大変ですから、そのためには、住宅業者の提案とは別のセカンドオピニオンがもらえるような第３の業者を見つけることですね。

家パパ：私もそう感じました。住宅業者に何でも任せるのはよくないってことですね。

庭スマ：住宅業者に任せてもよいのですが、自分の考えをしっかり持っておいて、それを事前に伝えることが大切です。工事が始まると、計画変更はなかなか難しいですから。

家パパ：なるほど。とりあえず、気づいたことはメモするようにします。

庭スマ：すばらしいですね。さすがです！　そういった心がけはすごく大事です。

家パパ：でも今のところ、建物のことで頭がいっぱいで、外構のことまでどうすればよいか考えられないんです。外廻りが大切なのはわかったのですが……。

庭スマ：そういう人は多いですよ。ある意味仕方のないことだと思います。でも家パパさん、モダンなデザインの立派な家を建てたら、やはり家具などのインテリアもそれに合わせて揃えたいと思いませんか？

家パパ：もちろんです！　ソファーやダイニングテーブル、テレビ台も本棚も、人の目に付くところはすべてこだわりたいですね！

庭スマ：外構や庭も同じなんですよ。人の目に付くといえば、外構や庭ほど目に付くものはありません。家具・家電は家を建ててからでも揃えられますが、外構の場合、それでは遅すぎるものも多いんです。

家パパ：た、たとえばどんな？

庭スマ：駐車スペースはその典型でしょうね。つくった時点で必要な台数分は確保できたとしても、あまりにギリギリのサイズでは駐車するのが大変です。車庫入れの苦手な人も多いですしね。でも駐車スペースを敷地の真ん中につくる人はいませんから、後から広げようとするとアプローチの部分まで改修しなければいけないケースが出てきます。それがビルトインガレージだったら……考えるだけで大変でしょう？

家パパ：それは恐ろしいですね……（汗）

庭スマ：予算などの都合で外構が後になってしまう場合も、近い将来このようにしたい計画をしっかり持っておくことです。駐車スペースを広げる計画があるなら、あらかじめそのようにしておかないといけません。「大型のインテリア家具や電化製品を買ったはいいけど、家の入口が狭すぎて搬入できない」なんて聞いたことはありませんか？

家パパ：聞いたことあります。そのときは「他人の笑い話」でしたが……ハア（ため息）。

1　「家」と「住まい」は違う

最初にあなたを迎えてくれるのは？

お気づきになったでしょうか。本書では「家」という言葉と「住まい」という言葉を使い分けています。言葉自体の意味に明確な違いはありませんし、一般的にはっきり使い分けることもないですが、家とは、建物のこと。住まいは、その家を中心とした敷地内にあるすべてのものを、本書では指しています。

建物、内装、外廻り、そしてワンちゃんの遊び場まで含めたものが住まいです。忙しい日常で実際に使うのは、家の中だけかもしれません。しかし、その家を優しく包み込み、あなたの帰りを最初に迎えてくれるのは、家の外にある「外構（エクステリア）」です。そしてアプローチを通り、玄関から部屋に入ってようやく家族の笑顔に会えます。それが住まいです。

休日、子どもたちと遊んだり、バーベキューをしたり、また爽やかな緑の景色を見ながらくつろぐ時間のパートナーは庭であり、外構（エクステリア）なのです。

よい家とは、そこまで考えられた住まいのことを言います。しかし、残念ながら多くの人がこのことを意識していません。建物、つまり家ばかりに関心が向き「それなりの家が建てられれば、満足。余力があれば少し外廻りも……」という考え方が、むしろ当たり前になっています。

予算オーバーの場合

もちろん、予算の都合がありますから「わかってはいるけど一度に満足できる家と外構をつくるのは無理。家の後で少しずつ外構や庭をつくっていきたい」という場合もあるでしょう。しかし、その場合であっても、少なくとも計画の時点で外構や庭のことを考えて家をつくる必要があります。「今は2台分の駐車スペースまでしかつくれないけど、子どもが運転免許を取るころには4台分はつくりたい」、「今の庭は殺風景だけど、いずれこのスペースにリゾート風のガーデンルームをつくりたい」というような計画です。そうすることで、たとえば洗車や水まき用の立水栓の位置や外部電源（コンセント）の位置だけでも決めてから家をつくることができます。これをするのとしないのとでは、後々大きな差が生まれます。

住まいづくりを住宅業者に依頼するのであれば、このことを必ず最初に伝えておくべきなのですが、それをしなかった、また、外廻りや庭のことは全く頭になかったという失敗例が数多く存在し、初めて住まいづくりをする人の大きな落とし穴になっています。

この場合、建物をつくる住宅業者に責任はありません。あなたから外構や庭の希望を何も聞いていないのですから、それを気にしようがないのです。

住宅業者に何も伝えなければ、予算の範囲内で、家と外構までつくれる見積もりを出してくれますが、中途半端な外構になってしまったり、少なくとも住む人の将来まで考えたつくりになることはないでしょう。住宅業者にとっては建物が完成して引き渡した時点が、その住まいづくりのゴールであり、ピークなのですから。

事前によく考え、計画して、気に入ったよそのお宅の外構（エクステリア）や庭があればチェックしてください。そして、できればエクステリア専門の業者に意見を聞いてみることです。「その外構・庭であれば、家を建てた後でもつくれますよ」とか「それは家と一緒につくらないと無理ですね」、「その庭の場合、住宅業者さんには○○を伝えておいてください」などと、エクステリアの専門家ならではの的確なアドバイスをくれます。

よい住まいづくりのためには、最初も最後もその分野のプロのアドバイスが頼りになるものです。

2 見られるのは「庭」

自慢できる住まいに

先ほど「気に入ったよそのお宅の外構や庭があればチェックしてください」とお話ししましたが、あなたがチェックするということは、他の人もあなたの住まいの外構や庭をチェックしているということです。住まいづくりについて、ここで視点を変えてみましょう。「見られる」という視点です。

どんなに理想的な間取りの家をつくっても、外からそれは見えません。もちろん「別に人に見せるために家をつくるわけじゃないよ」という意見はおっしゃるとおりです。住まいとは極めてプライベートな空間ですから、自分と家族がよければそれでよいのかもしれません。

ただ、どうせつくるなら、ご近所さんや友達に自慢できる住まいにしたいと思いませんか？

通りがかりの人が目を奪われるような住まい、これから住まいづくりを始めようとしている人が参考にしたくなるような住まい、そんな住まいにしたいですよね！

住まいに個性を生み出すために

住宅業者が家をつくる場合、美しいモダンなデザインの家にしてくれますが、任せっ放しにすると、個性に欠ける問題があります。展示場のモデルハウスを移設してきたかのような錯覚に陥ることもあります。もしよその家が自分の家とほとんど同じだったら、マンションでもいいですよね。

建物で個性やこだわりを生み出せないなら、こだわるべきは庭、そして外構です。ここが住む人の個性を存分に発揮できる、そのご家庭だけのショールームとなります。

高級な建材を使って豪華につくり上げましょう、というのではありません。お金をかければいくらでも豪華な庭になるということは、誰でも知っています。それどころか逆に豪華すぎて使いづらいということだってあり得るのです。それでは本当の意味で個性とは呼べませんし、他の人が参考にしたいとも思いません。

それを見た人が目と心を奪われるのは、そのお宅の工夫とこだわりです。狭い土地なら狭いなりに、どんな有効活用をしているのか、一緒に住む小さな子どもたちやお年寄りのための対策は講じられているのか。また、建物との統一感をどのように出しているのか、ということです。

「なるほど！　考えてつくられてるなあ……」と見た人からそんな声が聞けるようなら、自宅に友達を招くのが楽しくなりますよね。

3　大きな家をすすめる住宅業者

土地探しは何のため？

不動産業者や住宅業者が土地を探すとき、何のための土地を探すと思いますか？「え？　決まってるよ。お客さんの住まいづくりのための土地だろう？」と思うかもしれませんが、これでは半分正解、半分は間違っています。

正解は「お客さんの建物づくりのための土地」です。

お客さんはもちろん住宅を建てるための土地探しを依頼するわけですから、業者も依頼どおり住宅を建てるための土地を探します。その土地は、宅地であること、そして市街化調整区域ではないということが必須条件（注：農地転用等、特例で建てられるケースもあります）ですが、庭の広さを確保できることは必須ではありません。

いくつか候補地を選んで紹介するでしょうが、特に住宅業者の場合、決められた建ぺい率いっぱいに家を建てる前提で話を進めると思います。ただし、ここが勝負なのです。

住宅業者はなるべく大きい家をつくることをすすめます。間取りに余裕があり、夫婦の部屋も子どもの部屋も、キッチンもゆったり。カタログなども見せながら、アピールしてくるはずです。説明を聞いたお客さんが「予算内に収まって建ぺい率もＯＫみたいだし、このプランでお願いしようか」という気になるのも仕方ないことでしょう。

たった一言の質問で、営業マンの態度が変わる

でもその前に、「庭や、隣地とのフェンスなどの、外構はどうなりますか？」とたずねてほしいのです。それを確認しないかぎり、住宅業者は外構や庭のことは後回しです。詳しい説明もなく、見積書の中に「外構工事」というのがあって、ささやかな金額が書かれていることは実際多いのです。もちろん最低限の塀やアプローチはつくってくれるでしょう。でも予算の大半は建物に当てられていますので、満足のいく外構（つまり外観）にはならないことが多いです。

敷地面積や間取りの説明のとき、「外構工事はどうなりますか？」とその一言だけで、営業マンの態度は変わります。お客様に聞かれたからには説明しなければならないからです。

自分の中で完成したイメージがしっかりできるまで確認すべきです。そのイメージが満足いくものであれば、それでよし。もし満足できないようなら「外構は分離発注します」とはっきり伝えましょう。つまり外構工事は自分で直接、別のエクステリア専門業者に発注するという意味です。

全体の建築費用を安く見せる効果を狙い、住宅業者が紹介するエクステリア業者と直接契約させ

る方法を取る場合もありますが、それはあくまで住宅業者の「息のかかっている業者」ですから価格云々はさておき、建物重視の家づくりに変わりがありません。

4　住宅業者と外構業者の役割

住宅業者と自動車メーカー

外構・庭は家の一部ではなく、住まいの一部です。ですから家（つまり建物）と外構・庭はまったく別のものという認識が必要になります。まったく別のものですが、お互いに関係しあっているということなのです。両方が満足できて初めて住む人にとって「よい住まい」が実現できます。

これは自動車とタイヤの関係に似ています。自動車メーカーは高性能の格好いい自動車をつくろうとします。しかし、タイヤはつくりません。タイヤがなくて、自動車とは呼べないにも関わらずです。どんなに高性能のエンジンやステアリングも、それにマッチした、やはり高性能のタイヤなくして十分にその性能を発揮することは難しいでしょう。

しかし、どうですか。自動車ディーラーに行けば、当然のようにタイヤがセットされた状態で自動車が販売されていますし、営業マンもエンジンの性能や乗り心地、スペースの広さなどは詳しく説明しますが、タイヤの説明をそこまでする人は少ないはずです。

つまり、そういうことなのです。自動車にとってタイヤはすごく大切なのに、みんな軽視してしまっているということ。家にとっても外構と庭はすごく大切なのに、軽視され過ぎています。

原因はそこにこだわっても自動車会社や住宅業者の利益が少ないから、というのが正直なところでもありますし「とりあえず新車に乗れれば」、「とりあえず新居に住めれば」というお客さんの意識にもあると思います。また全体の予算に対する割合や製造・工事の規模が、タイヤや外構はどうしても小さくなることにもあるでしょう。

しかし一方で、予算や規模が小さいだけに初期段階から計画を立てれば、個性が発揮できる部分であるともいえるのです。

外構がなくても住めるよね?

「でも、自動車はタイヤがなくちゃ動かないけど、家は外構や庭がなくても住めるよね?」といった声もあるでしょう。たしかにそうとも言えますが、外構がないということは隣地や道路との境界線がはっきりしていないということです。お隣さんのブロックや植栽が侵食してきても、それを訴えることができなくなる可能性が出てくるのです。

道路との接地部分にしても、幅員4m以上の道路に隣接する敷地で、道路と敷地のその隣接面(間口)が2m以上なければいけないということが法律で定められています。それを曖昧にすることはできません(注:法律は適宜改正および特例などもありますので、必ずご自身でご確認ください)。

実際に、庭が土のままで、出入りする度に靴が泥だらけになってしまったり、あるいは敷地の土が道路にどんどん流れ出しているお宅を見たことはないでしょうか？

さらに敷地内に誰でも自由に出入りできるようなつくりであれば、当然防犯上の問題も起こってきます。外構とは単に「見た目」の問題だけではないのです。

「外構や庭がなくても住めるよね？」の答えはイエスです。

でも「外構や庭がなくても快適に住めるよね？」の答えは、ノーです。

5　そもそも外構とは何か

外構業者は何をつくるのか

そもそも外構とは何を指すのか、どこまで外構業者はやってくれるのかをお話しましょう。

まず、先にも書きましたが、エクステリアと外構の基本的な意味は同じです。業者の一般的な呼称も「エクステリア業者」、「外構業者」、どちらも使います。住宅業者に外廻り工事を相談するときは、どちらの名称を使っても大丈夫です（※本書では便宜上、エクステリア業者で統一しています）。

次に、エクステリア業者は何をし、何をつくってくれるのか具体的に挙げましょう。庭、アプローチ、照明、敷石、砂利、芝生や植栽等、家から離れた外部にある造作物のほぼすべてを請け負います。

これだけあるものを「なくても住めるよね？」、「外構は後回しでも」ということが、果たして快適な住まいづくりにつながるのか、ぜひお考えいただきたいのです。

【図表７　これがエクステリアだ！】

①メインゲート（門扉、門柱、門塀）

②ボーダーライン（フェンス、塀）

③カースペース（カーポート、ガレージ）

④サブゲート（庭から駐車ペースへの出入口等）

⑤ガーデンリビング（表庭、デッキ、テラス）※著者の造語

⑥バックガーデン（裏庭、勝手口通路、外部収納スペース）

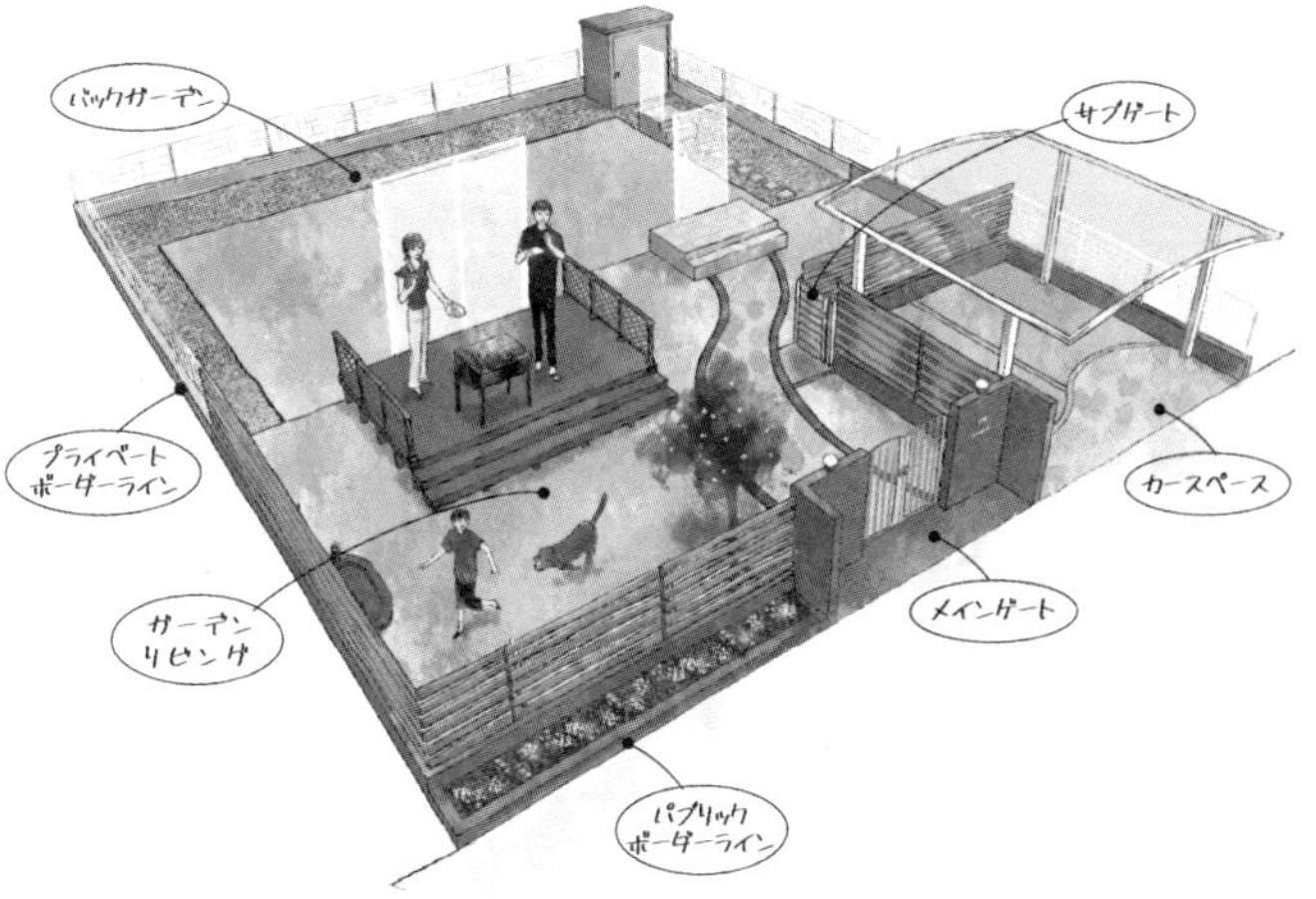

住宅業者に外構も一緒に発注すると

「住宅業者に建物と外構を一括発注したほうが、一緒なんだから安くすむのでは?」と思われている人もいると思いますが、いいえ、そんなことはありません。

住宅業者に外構を依頼した場合、これらの工事は下請け業者が請け負うことが通例になっています。当然、工事代金は住宅業者に支払います。住宅業者もただで外構工事の依頼を受けることはありませんから、そこに中間マージンが発生します。マージンの額は住宅業者により異なりますが、決して安い額ではないでしょう。本書でその具体的な額まで触れることはしませんが、いずれにしても工事費の見積もり段階でその分は上乗せされます。

しかし、これは住宅だけではなく、すべての業界の当然の仕組みですから仕方のないことです。

外構分離発注を選んで、直接エクステリア業者に工事を依頼するケースと比べると、たとえ同じ見積額だったとしても、どちらがより充実した工事内容になるのか、簡単にわかることです。

住宅業者の下請け業者は、当初の設計図通り、忠実に施工を行います。それが彼らの仕事なのです。分離発注したエクステリア業者も初めにもちろん設計図はつくりますが、そこは融通がきく部分があるはずですし、当然外構の専門家なので施主さんの希望をよく聞いてくれる業者が多いです。

また、住宅業者に外構工事も依頼するということは、中間に住宅業者を挟んでいるわけですから、工事内容の行き違いや、勘違い施工など実際によくある話なのです。

そう考えると、住宅業者に外構も任せるメリットは、「支払窓口が1つになる」ということくらいではないかと思うのですが、みなさんはどうお感じになるでしょうか。

時々、「住宅メーカーさんに外構が別だと困るって言われたので、外構も一緒に住宅業者に頼みます」とおっしゃる方がいるのですが、それを聞くたびに「施主さんは一体誰のために家をつくっているのだろう」と悲しくなります。住宅業者のために家づくりをしている訳ではないでしょう。

6　外構工事の覚えておくべきルール

建築基準法の対象

住宅を建築するためにはルール、つまり法律を遵守しなければなりません。新築するときだけでなく、リフォーム、建て替えなど家づくり全般に関わってくるのが建築基準法です。

建物を建てるときの基準となる法律で、建築基準法の対象となるのは、建築物、建築物の敷地、設備、構造、用途です。その土地にどんな用途や規模の建物が建てられるのか、建てられる家の床面積や建築面積の上限など多岐にわたる基準が定められています。

着工前の建築確認や、着工後の中間検査、完了検査、建ぺい率も容積率や高さ制限などもすべて建築基準法に関わっているということです。

そして、法律に則った建物を設計し申請できるのは、「建築士免許」を持った建築士だけです。細かなルールがたくさんありますが、住宅業者に相談すれば、すべてを考慮した上での設計図、そして見積書が提示されるので、その点で法律違反をする心配はありませんが、裏を返せば、法律さえ守っていれば住宅業者の自由に設計できるということです。

できるだけ大きく立派な建物をすすめてくるということは先にもお話したとおりです。たとえ建ぺい率、容積率いっぱいの設計図（建物）であっても、お客様に「こんなに大きな家は必要ないのでは」という住宅業者の営業マンを見たことがありません。

建物にはこれほど細かな法律があるのですが、建物の外廻り・外構工事に関してはどうでしょうか。建築基準法の対象になっているのはブロック塀や擁壁の高さ、控壁の設置の寸法やピッチなどです。最近になって古いブロック塀の耐震診断が義務化されましたが、まだまだ徹底しきれていないというのが実情です。

また、カーポートや物置など、屋根のある構造物は建築面積に換算されますので、それを含めた建ぺい率を超えた建物は建設できません（特例・緩和あり）。引渡し後に、カーポートを設置したくても建ぺい率の問題で設置できないということは避けたいものです。

さらに、10㎡（約3坪）以上のカーポートや物置など、屋根のある構造物を設置する際、その度に建築確認申請が必要になります（10㎡以下であっても防火地域、準防火地域では面積に関わらず建築確認申請が必要となります）。

それ以外、つまりブロック塀や擁壁、屋根のある構造物以外の外構は、業者の経験や倫理観のみで施工管理しており、たとえば一般的住宅地で建物外の駐車スペースに敷く土間コンクリートの厚みやその中に入る鉄筋等の骨材など、とても大切な部分であっても建築基準法上の定めはありません。

注：建築基準法についてては別にフェンスの高さや設置箇所を定めた「地域協定」がある住宅地も存在しますので、詳しい内容は最寄りの役所や土地開発業者へお問合せください。また、法律は適宜改正されますので、必ずご自身でご確認ください。

法律の定めがないということは

厳格な法律の定めがないということは、手を抜こうとすればいくらでもできるということです。もちろん住宅業者が手抜き工事をしているというのではありません。むしろ大手住宅業者の中には、過剰設計（不必要なまで丈夫な設計）にして、それがいかに丈夫な外構であるかを説明し、見積額に上乗せするという実態もあるので、法律の定めがない部分も丈夫につくっている住宅業者だから安心と、手放しで喜ぶことはできないのです。

仕上がりの是非は別として、法律の定めがないだけに誰にでも容易に事業とすることができてしまうことも知っておいていただきたいと思います。極端な話、「私はエクステリア業者です」と名乗ってしまえば、今日からでもエクステリア業者になれるということです。

近所で、こんな外構を見かけたことはないでしょうか。

・コンクリートがボロボロになっている駐車スペースの土間……（冬の氷点下の時に打設したか、

仕上がった土間にさらに上塗りをしたことが考えられます）。
・そのスリット（溝）から無造作に生える雑草……（コンクリートの伸縮による亀裂防止のために設ける一見お洒落な設計ですが、お手入れが大変なデザインです）。
・道路や隣地にはみ出ている生垣……（定期的な剪定を見越していなかったと思われます）。
・今にも倒れそうなブロック塀……（鉄筋が入っていないか、木の根の浸食が原因と思われます）。
・よく見ると、天端の高さや通りが揃っていない擁壁……（費用を抑えるために専門外の業者が施工したと思われます）。
・ところどころ剥がれ落ちているタイル塀……（雨水等、長年の水の浸食で経年劣化が進んだと思われます）。

もちろん現地調査をしなければ詳しい原因は特定できません。しかしあまりにも多い事例のため、大よそのことは想定できてしまうのです。

これらは自分とは関係ないと思われるかもしれませんが、雑草は虫や蚊の発生元です。隣地や道路にはみ出た生垣は通行の邪魔になりますし、非常に危険です。ブロック塀や擁壁が倒れたり、タイルが剥がれ落ちるタイミングでそこに出くわしたら怪我だけで済む話ではないでしょう。

外構（外廻り）は使い勝手と景観、それ以上に安全性や第三者にも考慮したものでなくてはいけません。外構は外部の造作物だからこそ建物以上に意図しない危険性や迷惑行為を秘めています。

外構自体に法律の定めがないからこそ、建物以上に自らの意思で最善の備えをすること。そして必ず専門業者に事前に相談しておくことが大切なのです。

7　10年後、成長する子どもと老いる親

成長する子どもたち

住まいづくりで、意外とやってしまうのが将来のことを考えていなかったことです。そう聞くと「え！　家は家族の将来のためにつくるつもりなんだけどなあ」と思われる人もいるでしょう。

その将来というのは、どこまで具体的になっていますか。たとえば子どもたちの将来を考えてみましょう。今はまだ小さくても、10年後は大人顔負けの体格になっているかもしれませんね。受験勉強もあるでしょう。そのときは自分のパソコンや大きめの机も使うでしょうか。運転免許を取って自動車に乗ることだってあります。進学や就職、結婚で家を巣立っていくかもしれません。事前計画はそこまでちゃんと考えたものになっていますか？

「家族の将来」というのが、ほんの2～3年後のことだったというのは、実際によく耳にします。あなたはいかがでしょうか。

10年後、体が大きくなるということはベッドも大きくなるでしょう。机だって今の小学生用の学習机では間に合わなくなるかもしれません。

自動車の駐車スペースは何台分計画していますか？　せっかく買った自動車を近所の有料駐車場

にとめるのでは可哀想ですし、余計なお金も使わせてしまいます。

結婚して両親と一緒に住みたいと言われたらどうしますか？　親孝行のつもりで言ってくれても台無しになってしまいます。10年後、子どもたちは確実に成長し、大きくなっているのだという当たり前のことをしっかり計画の中に入れておきたいものです。

老いていく親

子どもたちが成長するのと反比例して親は老いていきます。体力も確実に落ちてきますから、階段で2階に上がるのが大変になったときには、1階だけで生活できるようなつくりだといいですし、バリアフリーになっていれば大変助かるでしょう。

これらのことは、家の間取りやつくりだけのことではありません。庭木の手入れが大変になるかもしれませんし、自動車も若い頃ほど運転しなくなるかもしれません。さあ、どうしますか？

10年後、そのときに考えれば済む問題も当然あるでしょうが、今から考えておいたほうがいい問題もあります。たとえば駐車スペースを考えた場合、「今は2台分あればいいけれど、将来は菜園スペースを利用して4台駐車できるようにしよう」というその備えをするということです。そうなると単にスペースの問題だけではなく、照明や洗車のことも考えておかねばならないでしょう。

家族だけの将来の夢やあなただけのライフプランに対して、住まいの中でどんな備えをしておくか。これればかりはどんな優秀な設計士でも設計図に落とし込むことは難しいのです。

8 人も家も老朽化すると心得よ

経年劣化も対策次第

子どもは成長し、親は老います。生活様式も時間とともに変化を余儀なくされます。そして変化するのは人間だけではありません。家も変化します。老朽化するのです。完成直後には想像もできなかった修繕箇所が、次々と出てきます。

塗装し直したり、防腐防蟻処理を施すことで解決できればいいのですが、新築の時点で経年劣化も頭に入れて素材を選べば最低限の修繕で済むのです。時間が経てば劣化するのは仕方のないこと。逆にその劣化を将来「味わい」にできるような素材を新築の時点で選べばよいのです。

事実、素材のよさと管理の徹底で古さを味わい深いものに進化させている「洋風古民家」が人気です。柱も壁もレンガや自然石を使った外構も、頑強で理に適ったつくりになっています。１００年以上経っても、少々のことではピクリともしない洋風古民家は大いに参考にすべきです。

外構の経年劣化を楽しむコツ

老朽化するのは建物だけではなく、外構も同様です。外構は建物より雨風を受けやすいため、むしろ建物より劣化は激しいと思っておくべきです。ウッドデッキなどの木材は腐食し、もう素足で歩いては危険です。鉄製の門扉や門柱は塗装が剥げます。サビも出てきますね。ポリカーボネート板でできたカーポートの屋根がはずれ、雨水が自動車の上に流れ落ちるどころか、屋根の破片がボディに傷を付けてしまいます。芝生は直ぐに雑草で荒れますし、照明器具の笠も割れます。

そんな外構ですが、専門業者ならすべて見越した上で最善の提案をしてくれるのです。

古くなってもエクステリアに個性的な美しさを保つコツは、石やレンガの天然素材を上手に使うことです。レンガを敷き詰めた土間は、時間が経てば経つほど色合いや雰囲気に独特の味わいが出てきます。一般的にはコンクリートを使う部分に石やレンガを使ってみるというのはとてもよいアイデアだと思います。手入れもそれほど必要としません。経年劣化を楽しむことさえできます。

最初の新築の時点でしっかり考えられた外構は、将来、建物はリフォームが必要になったが、外構は大丈夫、というほど長持ちすることもあります。長く付き合ってきた家と外構ですから、思い出はなるべく残しながら、メンテナンスは最低限にしたいものです。

建物も外構も、そして住む人も、一緒に味わい深く年をとるのが一番ではないでしょうか。

コラム：「○○できないから家を出ます！」

父の夢

「18歳の一人息子が運転免許を取ったんです。ところが……」と話し始めたのは、地方都市在住の鈴木さん（仮名）。「小さい頃からクルマが好きで、大きくなったら僕の運転でパパとママをドライブに連れて行くんだなんて、そんな可愛いことも言ってくれてました」

鈴木さんが住まわれているような地方都市はクルマ社会です。クルマがないと生活できないと言っていいくらい。鈴木さんのお宅でも鈴木さんと奥様、２人とも自分のクルマを持っていました。

そんな鈴木さんが家を建てたのは12年前のことでした。

「将来のことを考えて子ども部屋も広くつくりましたよ。駐車スペースも何とかギリギリ２台分は確保しました。息子とキャッチボールするための庭が欲しかったんです。それが夢だったので……。私はこれでも野球部出身なんですよ」

鈴木さんはその夢を実現させ、休日は息子さんとキャッチボールや素振りの練習に励みました。しかし、中学生になった息子さんは、なんとバスケットボール部に入ったのでした。それでも、本人のやりたいことをさせてあげようと、時々試合の応援にも行っていたようです。

「それだけじゃないですよ。キャッチボールをしていた庭に、練習用のバスケットリンクだって置いてあげたんですから。可愛い一人息子のためなら何でもやりますよ」と鈴木さんは話します。

高校生になってもバスケに夢中の息子さん。キャプテンとして活躍したそうです。それと同時に小さい頃からのクルマ好きも目を覚ましたようでした。「暇さえあればクルマ雑誌を読み漁ってましたね。

『早く免許取りたい』って言ってました。本当ならこの頃に気づいてあげるべきだった」

自宅から通える大学に合格

3年生になった息子さんは大学進学を目指し、なんと自宅に近い第一希望の大学に見事合格しました。

「本当にホッとしました。合格した大学は地元でも有名なところで、クルマで5～6分くらいの場所にあるんです。そこなら自宅から自転車でも通えるし、何より仕送りなんかしなくて済みます。家内と喜んでたんですよ」。

息子さんの高校では18歳の誕生日を迎えた後、進路が決まっていれば自動車教習所に通う許可がもらえたそうです。息子さんは、さっそく学校に許可をもらうと自動車教習所に通い始め、あれよあれよと運転免許を取得してしまったそうです。

「早かったですね。大学の入学前に、アルバイトしながら免許も取っちゃいました」

そして、アルバイトで稼いだお金を元手に中古車を購入。突然、家に乗り付けてきたそうです。

「驚きましたよ！『そのクルマ、どこに駐車するんだ？』って聞いちゃいました。そうしたら息子がこう言いましたね……」

「この家じゃ駐車できないから家を出ます！」

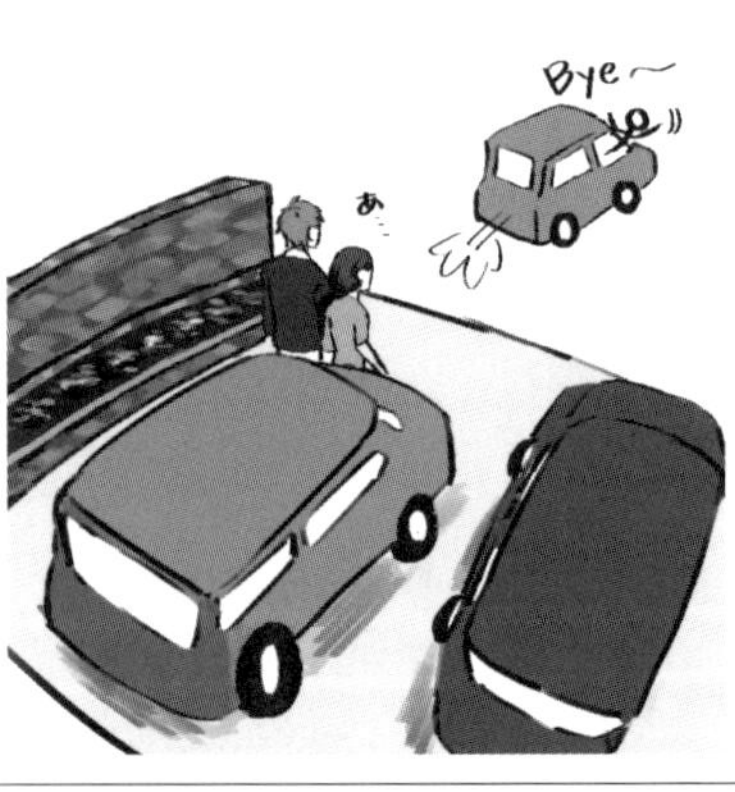

第3章

新常識3

「家づくり」の前に「庭づくり」をする

「家パパさん」と「庭スマさん」③あれもこれもと、大きな夢が！

庭スマ：どうですか。どんな家にしようか、考えがまとまってきましたか？

家パパ：うーん。イメージはわくのですが、決めかねています。やっぱり子ども部屋を3部屋確保したいし、ぜひ友達も呼んで泊まってほしいから客間も必要ですよね。

庭スマ：家パパさん、「先庭家後（せんていかご）」って知ってますか？

家パパ：「せんていかご」？　初めて聞きました。

庭スマ：でしょうねえ。私がつくった言葉ですから。

家パパ：ガク！！

庭スマ：ハハ、失礼しました。つまり庭を先に考えてから、家の間取り等を考えるといいですよ、という意味なんです。

家パパ：庭を先にですか？　外廻りが大切なのはわかりましたけど、建物の後にゆっくり考えようと思ってました。とにかく車2台分の駐車スペースと、子どもたちが少し遊べる場所が確保できるようにはしたいです。

庭スマ：でも、家パパさんの言うように子ども部屋3部屋と客間を確保していると、どんどん建物の面積が大きくなって、決められた建ぺい率（容積率）に収まるかどうか心配ですね。

家パパ：確かに……。他にも妻が大きなクローゼットが欲しいと言っていますし。

庭スマ：家を建てることって夢がありますから、あれもこれもとつい建物が大きくなってしまいがちなんです。でも土地の広さと建ぺい率（容積率）、もちろん予算も決まっているわけで、そうなると当然、外構や庭のつくりにしわ寄せがきてしまいます。

家パパ：なるほど。でも妥協や後悔はしたくないです。ずっと住み続けるつもりですから。

庭スマ：もちろんですよね。ですからそのためにも「先庭家後」なんです。例えば、家パパさんなら駐車スペースは何台分必要なのか、庭で子どもが遊ぶ場所はどれくらいの広さが必要なのか、ということを最初に決めて、そのための予算計画を事前にしっかり立てておくことが大切です。それに……。

家パパ：それに？

庭スマ：せっかく客間を造ったのに年に一度使うか使わないかで、今ではすっかり物置部屋になってしまったという話はよく耳にしますね。

家パパ：それ、思い当たります。私の友人の家が……。

庭スマ：さすがです！　よその家のよい点、悪い点はしっかり参考にすべきですね。庭から先に考えることをおすすめするのは、そういった失敗を防ぐためでもあるんです。客間が不要とは言いません。でももしそれが頻繁に使うスペースでないのだとしたら、普段は他の用途に使えないかなど、工夫する余地はあるということです。

家パパ：いやあ、考えたこともなかったです……。

1　「庭づくり」も外構から

「庭は後から」は間違い

「先庭家後」。文字通り、これは「先に庭を、家は後から考えよ」という造語です。「事前計画が大切。自分の考えを打ち合わせの段階で住宅業者にはっきり伝えることが大切」ということは、これまでお話してきたとおりです。「先庭家後」は、その伝えるべき考え方の「道しるべ」となります。

多くの人は誤解をしています。「住まいづくりとは、家という建物を建てること。庭はその後に考えるもの」と思い込んでいるのです。この考え方が理想の住まいにならない元凶なのです。

建物を建てる土地が決まった時点で、その土地の建ぺい率と容積率もわかっています。建ぺい率と容積率が決まっていれば、それ以上の大きな建物はつくれません。

仮に建ぺい率いっぱいの建物をつくったとしたら、庭はどれくらいの広さになるのかも簡単にわかるでしょう。その広さで希望通りの外構がつくれるのかどうかをまず考えることが、失敗を防ぐカギになります。

もし、希望通りの外構にならないのなら、建物を小さくすることを検討すべきです。本当に間取りはこれでよいのか、無駄な部屋やスペースはないのか、工夫できないのか、等々です。住宅業者の営業マンからそのような提案は「ない」と言ってよいでしょう。理由は第1章をお読みください。

もちろん建物は住まいづくりの中心であることは間違いありません。

しかし、最初に建物から住まいづくりの計画を立てることには、完成後のリスクや無駄が伴う危険が倍増します。

庭を考えるときに頭に入れておくべきこと

では、「先に庭を考える」とは庭の何を考えればよいのでしょうか。これから家を建てるという方は、事前に必ず次の項目を頭に入れておいてください。

①自動車の駐車スペースは、余裕をもってしっかり確保する。家族用、来客用に何台分必要か。

（この計画で建物の間取りや配置が決まってくるので最も重要なポイントになる）

②洗車するときのイメージをしておく。

（洗車スペース、水栓やコンセントの位置、排水等）。

【図表８　お客さんに路上駐車？】

③庭木や花壇の手入れをするときのイメージをしておく。
（定期的な庭の手入れの時間や費用を確保できるか）。

④庭でくつろぐスペースや子どもが遊ぶスペースはどのくらいの広さが必要か。
（将来、親との同居など増改築の予定が出てこないか等）。

⑤隣地との境はどのように仕切るのか。
（安価なメッシュフェンスにするのか、視線が気にならない目隠しフェンスにするのか、それとも生垣にするのか等）

⑥外構が経年劣化したときに汚らしくならないか。修繕しやすいつくりになっているか。

他にもまだまだあると思いますが、この６つを頭に入れて庭の計画を立てることで、住んでから後悔する可能性は大きく軽減されるはずです。

「庭づくり」は外構工事から始まります。デザイン性と機能性を重視した外構は、そこに住む人の考え方があって初めて成り立つとも言えます。

家よりまず庭から考えることで、住みやすい快適な住まいづくりに近づきます。少なくとも、車の出し入れがしにくく外出や帰宅の度にストレスを感じる、またお客様の車は路上駐車してもらうしかないため家に招待しづらい、という後悔を味わうこともありませんし、「今からでもつくり直したい！」と歯ぎしりすることもなくなるはずです。

2 「先庭家後」をすすめるこれだけの理由

庭を後回しにして後悔している実際の声

◆庭の使い方が決まらないAさんの後悔

「庭のスペースが思った以上に狭く、どう有効活用していいかわからず物置状態になっている」

建物を優先して計画を立てると、このようなことが起きてしまいます。建ぺい率が高く、大きな建物がつくれる土地だったのでしょう。

ただし、専門のエクステリア業者が工夫すれば何とか見映えよく、また使い勝手もいい庭になる可能性もありますので、一度相談してみるとよいでしょう。

◆外構を知らなかったBさんの後悔

「建ぺい率の関係で庭部分が広く手入れが大変なため、雑草だらけで虫や蚊が発生している」

これはAさんのケースとは逆で、建ぺい率の低い土地だったのです。土のままだったり、草が伸びっ放しの庭は、虫にとって天国です。

防草シートの上に砂利を敷いたり、レンガを敷くことで手入れの心配もなくなりますし、ホームセンターなどで売っているガーデングッツを上手に活用すれば、広い庭を有効活用できるはずです。

◆今後大きな車が買えなくなったCさんの後悔

「広々とした2世帯住宅が完成し、建物には満足している。ただし、親が乗っている大きい車（ワゴン）の先端はいつも道路にはみ出して駐車している」

エクステリア業者には駐車スペースの奥行が狭すぎたという相談が、後を絶ちません。〇台分のスペースというと、どうしても横幅ばかり気にしてしまうのですが、こういった状況も起きてしまうわけです。

庭（敷地）の状況にもよりますが、改善するにはかなり大掛かりな工事が必要になりそうです。

◆契約の仕方を間違えたDさんの後悔

「面倒なので住宅業者に外構も一緒に契約してしまい、後から庭の整備をするのが大変だった。建物とは別に、外廻り工事はエクステリア専門の業者にお願いすべきだった」

これから家を建てようという方は「本当にこんなことがあるの？　信じられない！」と思われるかもしれません。残念ながらこれらはすべて実際にあったお話なのです。

住宅業者は頼めば何でもやってくれますので、お客さんにとっては楽なのです。

しかし、このようなことが現実に起きてしまいます。

ちょっとした質問や確認を事前にするだけで、避けることができる事例です。

後悔しない庭・外構づくりで、大切な3つのこと

このような失敗談を読むと、家を建てるときはまず何を考えるべきか、どこに相談するべきかが、自ずとわかってくるのではないでしょうか。

まだあなたが契約をしていないなら、同じような失敗は必ず避けることができます。

事前によく計画を練ること。「先庭家後」の順序を間違えないこと。そしてこれまで言われてきた住まいづくりの「常識」にとらわれないこと。この３つができれば、後悔しない住まいづくりができます。

3 庭木は生きている

成長し続ける木

建物、外構（エクステリア）は確実に経年劣化します。

しかし、年月が経っても劣化しないものがあります。

庭木です。家を新築するとき「庭に緑がないのは寂しいし、何か木を植えよう」という人もいますし、「庭木で日陰をつくりたい」という実用性を考える人もいるでしょう。「どうせ植えるなら実のなる木がいいな」という楽しみもあります。

あるいは子どもの誕生記念に庭木を植える人もいます。植えたときは小さかった木も、その子が

成人する頃には、木も一緒に成人したかのような大きさに成長しています。

「木も家族と一緒に成長し、老いてゆくんだなあ」と感慨深く、庭の木を見つめたくなりますが、でも、ちょっと待ってください！　木は10年や20年では老いません。まだまだ大きくなります。それを見越して植えないと、後で面倒なことになりますので、これも注意が必要なのです。

いわゆるシンボルツリーとして植える場合も、虫がつきにくい種類や、管理が比較的簡単で、1年を通じて葉が繁る常緑樹が好まれる傾向があります。

管理が比較的簡単といっても、木は成長し、どんどん大きくなりますから、定期的に剪定するなどの管理は必要となります。これをおろそかにすると、どのようなことになるでしょうか。ベランダや屋根、家の外廻りを覆い、はっきり言って邪魔者扱いです。

そしてせっかく植えられた木は、倒木・伐根という末路をたどります。先日お会いした植木屋さんは「植木屋なのに植える作業より倒す作業のほうが多い、いっそのこと『倒木屋』に名前を変えようか」と冗談交じりで嘆いていました。

芝生なども手入れは欠かせません。木や芝はペットと同じです。動いたり鳴いたりしない分、それ以上にいつも注意が必要で、結果的に費用も時間も掛かる生きものです。

木をどこ植える？

庭に木を植える理由は「景観」、「日除け」の他に「目隠し」という目的もありますが、よかれと

【図表９　剪定しないと大変なことに】

思って植えた木が成長して大きくなると、部屋にまったく日の当たらない薄暗く、じめっとした部屋になってしまうことがあります。

これらの失敗を防ぐためには、木を植える場所が重要なポイントとなります。カーポートの屋根を覆うようだと、当然屋根は痛みます。他の外構もそうです。木の枝や葉に侵食されて、よい影響は１つもありません。

また狭い庭の場合、邪魔にならないよう庭の隅や隣のフェンス際に植えようとする人もいますが、植えたときは小さくても、木はみるみる大きくなり、隣の家まで張り出します。

自分が植えたい木は将来どのくらい大きくなるのか、どれくらいの頻度で剪定が必要なのかを知っておくことが必要です。

事前に調べたり、専門の造園業者や植栽にも詳しいエクステリア業者に相談して確認してみたりすることを強くおすすめします。

4　「よい庭」に見合う「よい家」を

エクステリアプランナーの役割

「先庭家後」の考え方で、外廻りや庭木にこだわった住まいづくりを進めると、美しく使い勝手のよい外構（エクステリア）ができあがります。

「その分、肝心の建物が貧弱になってしまわないの？」と思うかもしれませんが、そんなことはありません。不思議なもので外廻りにこだわると、家の中までこだわりたくなるのです。

そもそも、家づくりを住宅業者に依頼すれば、建築規模に見合った建築士のもと、しっかりした設計デザインで機能性の高い立派な家をつくってくれます。そこは信頼して任せ、後は限られた敷地の中で庭と建物をどのように有効活用するか、という部分が住む人の希望とアイデアの出しどころになるわけです。

これが逆になると、みなさんどういうわけか建物で満足してしまい、後々外構のところで困った問題が発生する事例が後を絶ちません。

建物に建築士、内部空間にインテリアデザイナーがいるように、外部空間（外廻り・外構）にもエクステリアプランナーと呼ばれる人がいます。エクステリアプランナーの存在をみなさんご存じでしょうか？

【図表 10　エクステリアプランナーの資格は大切】

エクステリアプランナーとは外構全般の設計・コーディネートと工事管理を行う人のことです。１級と2級があり、国家資格でこそありませんが、この資格を持っている人はその専門知識と技術を有することの証しとなります。資格がなくても外構工事をすることはできますが、外部空間（外廻り・外構）を相談する際には、やはりエクステリアプランナーに相談するほうが安心して任せることはできるでしょう。

特に住宅業者に外構も任せて契約すると、「外構はエクステリアプランナーの資格を持っている人でお願いします」という指定はできなくなります。法律で外構設計はエクステリアプランナーだけと定められているわけではありませんから、設計や工事ができてしまうのです。

実際、住宅業者にエクステリアプランナーの有資格者はそれほど多くありません。「有資格者はそれに見合った待遇が必要になるから」ということもありますが、資格がなくてもできてしまう雑なデザイン提案で問題ない……という考え方もできます。

建物のことも理解しているエクステリアプランナー

エクステリアプランナーは、建物のことも理解していなければできない仕事でもあります。住まい全体を考えた場合、やはりその中心は建物ということになりますから、建物を引き立てる側面も必要になるのです。その上でデザイン性に優れ、住む人の希望に応えながら使い勝手のよい、後のメンテナンスもしやすい外構づくりをコーディネートします。

5 建ててからでは遅い

平米（㎡）や坪ってどれくらい？

なぜそこまで「先庭家後」にこだわり、強くおすすめするのか。それは「家を建ててからでは遅い」からということに尽きます。このことは繰り返しお話してきた、本書の重要な肝でもあります。外構を後回しにしてしまったケースでもっとも多いお悩みは「もっとクローズな外構にしておけばよかった」というものです。建物も外構もすでにできあがった状態で、すぐに後からエクステリア業者に改修を依頼するということは、何を意味するか理解できるはずです。

家だけに焦点を当てデラックスな建物を提案する住宅業者は、聞かれないかぎり庭や外構について説明することはないと言ってよいでしょう。またフェンスなどにしても写真を見せてもらえない限り、実際にどんなフェンスになるのか想像がつかないはずです。

「庭が思ったより狭い」という施主さんもいます。設計図に庭の広さ(建物以外)が書かれていても、それは平米（㎡）や坪で表示されていますので、建築関係以外の人にはピンとこないのです。

住宅業者の説明に対しては、わからないことはわからないとはっきり言うという姿勢と納得いくまで質問するという姿勢が大切です。質問の仕方も、たとえば庭の広さが㎡や坪で表示されていたなら、「ここには余裕をもって自動車2台停められますか？　ウチの車はワゴン車で大きいのですが大丈夫ですか？」という感じで具体的に聞いてみることです。

それをしないで後から住宅業者にクレームを言っても、「最初の説明で庭の広さはお示ししてあるはずですが……」と言われるだけです。

具体的な質問をしていれば、住宅業者はイエスかノーで答えなければいけません。イエスと言ったのに2台停められなかった、あるいは車の先端が道路にはみ出してしまうなどの不都合が生じれば、それは住宅業者の責任となります。

質問は納得するまで具体的に

住宅業者に外構を任せる場合であっても、同様に具体的な質問は欠かせません。住宅業者は建物の施工法や材料が全国一律のように外構も会社指定の既製品を使うことがほとんどです。

しかし、地域によって寒暖差、雨量、雪、風、すべてが違うのです。「土の部分が多いようですが、水はけはどうですか？　風で砂ぼこりが舞ったりしませんか？」、「カーポートの屋根は何センチの雪に耐えられますか？」等々、遠慮することはありません。

より具体的な質問をすることによって、住宅業者も慎重に答えなければならなくなります。その場でわからない場合は「調べた上で、後でお知らせします」という親切な対応も引き出せるのです。

それだけではありません。外構の失敗や不備は、自分の家だけの問題では済まされず、お隣さんやご近所のお宅にも迷惑をかけることがあります。「今度新築した家の庭から砂ぼこりが飛んできて困る」、「木の葉がたくさん飛んできて掃除が大変だ」などのクレームがあったという話は、改修やリフォームのお客様からよく聞く話です。

アパートやマンション住まいのときはトラブルがあった場合でも大家さんや管理人さんに相談すればよかったのですが、これからは自分で対処しなければならなくなります。「家を持つ」とはそういう責任もあるのです。

6　敷地の活用事例

手入れが楽しくなる庭

狭い庭の活用方法も頭を悩ましますが、反対に広い庭を有効活用するのも工夫とアイデアが必要です。

「広い敷地なら大きな家が建てられる」という考えはもちろんですが、予算の都合もありますし無制限に建物を大きくするわけにもいかないでしょう。だからといって庭の大半を土のままにしていたり、原っぱのようにしておくのは考えもの。自分の家の敷地ですからプランニングから手入れまでしっかりやらねばなりません。

そこで、手入れが楽しくてくつろげる庭の活用事例をいくつか挙げていきたいと思います。

①手入れが楽な庭づくり

芝生はやさしくきれいですが、必ず手入れが必要になりますので広範囲に敷き詰めないほうが無難です。広い庭の手入れを楽にするには、地面に砂利、平板、ブロックなどを効果的に使うとよいでしょう。インターロッキングというコンクリート素材でできたカラフルなブロックを地面に敷き込むことで、モダンな清潔感ある庭になります。

予算に余裕があれば、経年劣化を楽しむためにレンガ素材にするのもいいです。

和風な庭にしたい場合は、玉砂利を地面に敷き部分的に天然石を敷くのも人気となっています。その際、玉砂利の下には防草シートを施すことをお忘れなく。

②子どもの遊び場をつくる

小さな子どもさんがいるお宅であれば、ブランコや砂場をつくってあげるのも喜ばれます。なかなか公園に連れて行けないときなど、家の中に公園をつくる感覚です。簡易的なものであれば、ホームセンターに行くと数万円で売っています。

子どもさんが大きくなって砂遊びをしなくなったら、砂場を花壇に転用して花を植えることもで

【図表11　マイドッグラン】

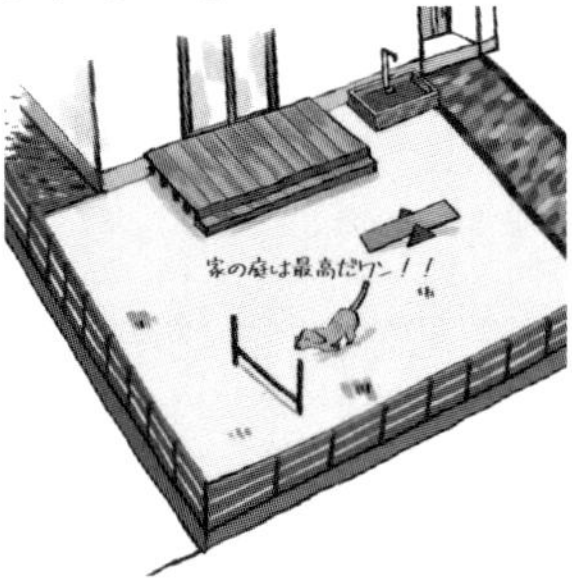

きます。

③家庭菜園スペースをつくる

郊外の住宅地は建ぺい率が低い場合が多く、庭が思ったより広くなりお手入れが大変です。そんなときは思い切って全面的に家庭菜園にするという手もあります。

実際に、新築の際芝を敷きつめたお宅が数年後お手入れに疲れ、全面的に芝を剥がして土を入れ替え、家庭菜園にしました。今まで苦痛だった庭のお手入れが、収穫の楽しみに変わったそうです。

④「離れ」をつくる

最近では趣味や受験生のために、庭に「離れ」をつくる方もいます。プレハブなどであれば必要がなくなった場合、撤去も簡単です。

プレハブは味気ないというのであれば、エクステリア業者に相談すると、プレハブ以上に意匠性があり、設営・撤収が簡単にできるタイプを紹介できます。そのとき建ぺい率いっぱいに建物を建ててしまっては、こういった楽しみや施しはできません。

⑤マイドッグランをつくる

犬を飼っていれば、マイドッグランをつくるのもよいでしょう。

敷地内のドッグランはお散歩になかなか連れ出せない場合でも、イヌの運動不足解消、また日光浴をする場所として最適です。リビングと隣接させれば、人も犬も集まりやすいアウトドアリビングとなり、楽しみも広がります。バルコニーにつくることもできますし、特に場所を選ばないのも魅力です。

ただし柵だけは高さや犬の頭が入る隙間をつくらないなどの注意は必要です。

イメージを持っておく

これらの活用事例は、比較的日常の手入れが楽しくなるものばかりです。他にもまだ庭の有効活用法はあります。住む人の生活様式によって様々な工夫ができます。和風な庭にしたいのか、モダンで洋風な庭にしたいのか。そのイメージだけでも持っておくとエクステリア業者が様々な楽しめる提案をしてくれるでしょう。

7　長く住める家とは

メンテナンスフリーの住まい!?

せっかくつくった家ですから、できるだけ長く暮らしたいというのは、誰もが願う思いです。

だからこそ理想の家をつくりたいと、勉強して、考えて、相談するわけですが、では長く住める家、理想の住まいとはどのようなものを言うのでしょう。

まず、建物は丈夫でなくてはいけません。地震が多く、湿度が高いという日本の特性に合わせて、住宅も耐震構造や通気性が考えられたつくりになっています。耐震構造が不十分なら地震に弱く、通気性がしっかりとられていなければ、シロアリ被害や木材の腐食につながります。

住宅業者の中には独自の耐震設計をアピールしている会社もあり、その点は信頼できますが、もし心配であれば、長期優良住宅の建築を検討するのもよいでしょう。

丈夫で長持ちし、快適に暮らせる住まいとして行政が認定した、長期優良住宅法に基づく制度で、9項目の基準からなっており、耐震性は耐震等級2相当以上の強度が求められます。ここで1つひとつ項目には触れませんが、耐震だけでなく防火、防犯、、音、空気環境や高齢者対策まで項目があり、住宅ローン控除も受けられますので住む人にとってのメリットは大きいものがあります。

さて、万全の備えで家を建てたとして、それでも老朽化し劣化するのは避けられないことです。定期的なメンテナンスで、丈夫さは保たれても、古臭くなるのはある程度受け入れなければなりません。それでも長く住みたいと思える家、そんな住まいは、実は住む人がつくりあげていくのです。

長く住める家とは、長く愛せる住まいのことです。

長く愛せる住まいとは、手のかからないメンテナンスフリーの住まいのことでしょうか。

そんなことはないはずです。自分たちで改修したり、時には家族総出でペンキ塗りをしたり、そんな思い出がつまった家が、長く愛せる住まいのはずです。家が、住まいになるのです。

基礎からつくり直す？

これは建物に限ったことではなく、外構にも言えることです。古くなって壊れたり、劣化してきたら自分たちの手で修理する。それが理想でしょう。

しかし、そのためには、そのようなつくりになっていなければなりません。たとえばフェンスがグラついてきたので、自分たちで改修しようとした場合、地面を掘り起こして基礎からつくり直すのは至難の業です。休日の日曜大工レベルではなくなってしまいます。

ではどうすればよいのでしょうか。

最初の時点で、つまり新築の時点でプロの手によりフェンスをしっかり固定させておかなければならないのです。

もちろんフェンスだけではありません。門扉・門柱・レンガの花壇に、駐車場の土間コンクリート、ウッドデッキも、最初に下地がしっかりつくられていなければ、自分たちで改修するのは、ほぼ無理と言ってよいでしょう。エクステリア業者に依頼しても、古い造作物を撤去して下地からとなれば時間もかかりますし、もちろん少なくない費用が発生してしまいます。

建物同様、フェンスも基礎工事がとても大切で、ここをしっかり施工しておかないと倒壊の恐れがあります。

外構も最初が肝心です。法律の定めが少ない外構だからこそ、基礎となる下地から安心して任せられるエクステリア業者を選びたいものです。

8　最高のモデルハウスは「知人の家」

比較検討しない

「どんな家にしようか。こんなのもいいし、あんな家もいいな」

住宅展示場のモデルハウスや情報誌を見ながらイメージを膨らませるは楽しいでしょう。それぞれの住宅業者が自社の優れた点を、これでもかというほどアピールしてきますから、目移りしてしまいます。また、実際に家を建てられた方の声も情報誌やネット上にたくさん出ていますので、それも参考にしたくなります。

ただし注意が必要なのは、どの住宅業者のページも「よいこと」しか載っていないということです。当然と言えば当然なのですが、これから家をつくる人が比較検討するには、迷いが生じる原因になりかねません。

実は、比較検討するという作業はあまりよいこととは言えないのです。大切なのは、「自分と家族にとって、何がよいことで何がよくないことか」。それを知ることです。

第1章でもお話したとおり、住宅情報誌は広告誌ですから、広告誌の記事によくないことまで求めるのは無理があります。展示場も然りです。住宅業者の営業マンが、自社の建物のデメリットを言うはずがありませんし、聞かれても「そうですね。多少、ご予算的に高くなりますが……」という程度しか答えようがないでしょう。

では、「自分と家族にとって何がよいことで何がよくないことか」を知るためには、どんな方法がよいのでしょう。

それは知人の家を訪ねることです。知人の家こそが、最高のモデルハウスであり、そこに住む知人の意見こそが一番信頼できる「住まいをつくった人の声」です。

知人の家は誉めよう

街を歩いていて「いいお住まいだなあ」と思っても、さすがに知らないお宅の中まで入ることはできませんが、知人ならそれができます。時間を見つけて、ぜひ友達や親戚の住まいを訪ねてみてください。もちろん、できるだけ新しい住まいのほうがよいです。

知人の家を訪ねたら、まずは誉めましょうね（笑）。「すごい家だね。さすが、うらやましいよ」くらいは言いましょう。そうすることで、相手も気分よく質問に答えてくれますし「いやあ、でも〇〇のところを失敗したと思ってね」などと、悪いところ引き出しやすくなります。

知人の家では、よいところより悪いところを探すことに力を入れましょう。また新築したばかりなら、家の中をくまなく案内してくれるかもしれません。ようするに、見せたいのです。あなたも新築すれば必ず人に見せたくなりますし、そんな住まいをつくらなくてはいけません。

悪いところ、失敗したところを教えてもらうには、やはり徹底して誉めることです。たとえば「こ

【図表12　友達の家を訪問してみよう】

のスペース広くていいね」と誉めると、「でもそのお陰で洗面所が狭くなってしまってね。階段ももう少し広いほうがよかったなあ、なんて話してたんだ。ちょっと窮屈でね」などと、どんどん教えてくれます。

そのときは他人の家とは思わず、もしこれが自分の家だったらと想定しながら見ることも大切です。トイレもお借りしてチェックしましょう。そこまですると「全体的にちょっと窮屈な感じがするな」とか「こんなに広いと掃除が大変かも」といった感覚が持てるようになります。それでも大収穫なのです。

家の中が住んだら、今度はエクステリア、庭と外構です。「庭も広くていいよね」と誉めれば、「いや、実はもっと広い庭が欲しかったんだ。そうすれば、もう1台くらいクルマがとめられたかもしれない」とリアルな声が聞けます。

その声の中には多少の謙遜も含まれているかもしれませんが、少なくとも気にかけるべきポイントとなっているはずです。その上で、それが自分と家族の場合にとってポイントとなり得るのか、ぜひお考えいただきたいのです。

コラム：時、すでに遅し！

玄関のついでにポーチも

玄関ポーチを住宅業者に任せた佐藤さん（仮名）は後悔しています。

「玄関ポーチの形と段数に違和感があり、指摘したのですが工務店都合で変更してもらえなかった。工事が始まっていたので、時、すでに遅しでした。正直、今からでもつくり直してほしい」

どんな家でも、必ずつくられるが玄関ポーチ。建物と庭をつなぐ玄関の大切な部分であり毎日使う場所でもありますから、十分プランを練る必要があるのですが、「雨が防げて、それなりのデザインであればいい」程度に考えてしまう人が多いのです。

また、玄関に付属するものという見方もあり、住宅業者に任せてしまうことが多いのも玄関ポーチという外構の特徴です。しかし、これも本来、建物と分けて考えなくてはいけません。玄関のついでのようなイメージでつくることは避けるべきです。

住宅業者に任せた場合、設計図の中に玄関ポーチも含まれます。施主さんも、玄関ポーチのことまで気が回らないことが多く、「玄関ポーチは何段ですか？」という確認さえできなくなっています。

玄関ポーチは天候にも左右される部分です。十分な広さのない玄関ポーチは、窮屈に感じられて傘を広げることもままならず、手に持った荷物が濡れてしまいます。また、建物の構造上、ポーチに雨が入りやすくなってしまう場合も考えられます。

そうなると出入りするときに滑りやすく、シミや汚れがひどくなる原因にもなります。一方でデザイン性を過剰に重視した玄関ポーチは、段差が多すぎて使いづらいケースもあります。

高齢者がいないから

やはり玄関ポーチを住宅業者にまかせてしまった新婚の山田さん（仮名）は、新居に住み始めて1年後、初めてのお子さんが誕生しました。家には将来のためにと十分な広さの子ども部屋を用意しており、また一緒に遊ぶための小さな庭もつくっておいたので、それが役に立つと大喜びでした。

しかし、山田さんの奥さんはおっしゃいます。「初めて子どもと2人で外出するときでした。玄関を出て、ベビーカーに子どもを乗せたまではよかったのですが……」

その先に、2段の段差があったことが、新米ママさんの頭から消えていたのです。

「高齢の家族と住む予定がなかったので、玄関ポーチにスロープを付けることは考えなかったです。近くのエクステリア業者さんに相談しましたが、後からスロープを付けるには、玄関ポーチを一部壊さないといけないらしくて。まだ新築1年なのに……。これから2人目の子どもも考えたいですが、それまでにスロープ、どうしようか主人と相談しています。そのときは手すりも必ず付けないと」

外構工事を専門にやっている業者は、住まいに将来何が必要になるか、わかっています。それだけ多くの外構工事を経験しており、リフォームや改修工事の際のお悩みも聞いているからです。

第4章

新常識4 よい業者とは「相性のよい業者」のこと

「家パパさん」と「庭スマさん」④時々怖いけど、頼りになる専門家

家パパ：庭スマさんの話を聞いて、家をつくるときの大切なことがわかってきたような気がします。

庭スマ：それはよかったです。覚えることがたくさんあるように思うかもしれませんが、大切なポイントさえ押さえておけば、後は信頼できるよい住宅業者やエクステリア業者を見つけることです。

家パパ：よい業者って、テレビでCMしている有名な業者なら安心でしょう？

庭スマ：家パパさん、それはちょっと違います。

家パパ：でしょうね！　庭スマさんなら、やっぱりそう言うと思いました。

庭スマ：だんだん私の性格がわかってきましたね。有名な業者を選べば安心ということなら、私の説明も事前の勉強もいらなくなります。

家パパ：小さな業者さんを選んだほうが相談に乗ってもらいやすいのでしょうか？

庭スマ：要するに規模や知名度で選んではいけないということです。どちらも一長一短あります。

家パパ：だったら1件でも多く話を聞いて、親切そうな業者さんを選ぶしかないですね。

庭スマ：家パパさんは、よい業者ってどんな業者だと思いますか？　親切な業者？

家パパ：やはりそう思いますよ。親切な業者さんなら何でも相談に乗ってくれそうだし。

庭スマ：でも、家を建てたいと相談されれば、親切な対応をしてくれますよね。住宅業者の営業マンは、誰もみんな優しくて親切です。子どもを連れていけばプレゼントをくれたりします。
家パパ：本当ですか？　やっぱり大きな住宅業者はそういうところがいいですね。
庭スマ：でも、そのプレゼントのお金はどこから？
家パパ：それはもちろん、住宅業者の……あ！
庭スマ：そういうことなんです。宣伝のために使うお金は、結局お客様の建築代から払うんですよ。
家パパ：でも残念だなあ。プレゼントはなくてもやっぱり小さな業者のほうがいいのかなあ。
庭スマ：だから規模で選んではいけないんですって！　プレゼントも一旦忘れてください！
家パパ：規模じゃないっていうことは……第一印象とか？　まさかねえ、ハハハ。
庭スマ：お！さすがです。それは案外大切ですよ。第一印象というかインスピレーションみたいなもので、優しそうとか怖そうとか、そういうのとも違いますね。
家パパ：それは意外だなあ。また「それは違います」って言われると思いました。でも私の身近にもいますよ。時々怖いけど、頼りになる住まいの専門家が！
庭スマ：……（苦笑）。

1　あなたにとってよい業者とは

業者を選ぶ大切な基準

家を建てるなら、よい業者に依頼したい。そう思うのは当然のことです。

たとえばハウスメーカーや工務店といった住宅業者を選ぶとき、あなたはこれまでの施工実績で選びますか？　それとも見積額の安さ？　自分の意見を聞いてくれそうな業者？　営業マンの感じのよさで選びますか？　選ぶ基準は人それぞれかもしれません。

しかし、誰にでも当てはまる大切な基準があります。

それは「相性のよい業者」を選ぶ、ということです。その業者の実績が素晴らしくても、誰かが「よい業者だ」と紹介していたとしても、その人にとっては相性のよい業者だったかもしれませんが、あなたにとってもよいとは限りません。

「一生付き合うわけでもなし、そんなことが大切なの？」と思う人がおられるかもしれません。しかし、これがとてもとても大切なのです！

住宅業者の中でも大手が大半を占めるハウスメーカーは、社内体制が役割ごとにはっきりしていますので、最初に住まいづくりを相談するとき、大抵は営業マンが対応します。彼らの仕事は営業ですから、販売のためのプロということになります。

接客営業や販売ノウハウを訓練されているだけあって人当たりがよく、これから施主となるお客様の希望をよく聞いて、親切な受け答えをしてくれます。その対応ぶりに「この人なら真面目そうだし、信用できそうだな」と思うお客様も多いでしょう。

しかし、住まいづくりに大切な業者との相性とは、このようなことを言っているのではありません。たとえ営業マンの人柄がよくても、営業マンが家をつくるのではないのです。

わかってくれる業者

親切な対応をしてくれるのは、どこの住宅業者も同じです。試しにいくつか住宅展示場を回ってみるとわかります。どこも親切です。つまり、親切で感じがいい態度は営業マンがお客様と接する態度として当然のことなのです。

そして、親切さをもって自分たちのペースで話を進め、できるだけ大きな建物をつくってもらうこと。それが彼らの仕事です。相性のよい業者とはそれだけではなく、考え方が似ている業者、あるいはわかってくれている業者と言ってよいと思います。

たとえばお客様から子どもが3人いて、上は何歳で下が何歳ということを聞けば、「まだ子育てが大変だが、子どもの将来のためにも家が欲しいんだ」という事情がわかるはずです。でも予算や敷地の広さには限りがある。その中で、このお宅には何が必要で何を優先すべきかということを、的確にアドバイスしてくれる業者です。既成概念に捕らわれずに提案してくれる業者とも言えます。

しかし、残念ながら本当の意味でそこまで考えてくれる住宅業者は実に少ないというのが実情です。特に規模の大きな住宅業者は、施工法やつくりがあらかじめ決まっている場合がほとんどですので、「××は気になりますが、十分使い勝手はいいですよ」など、自分たちの売りたいプランにお客様を当てはめようとします。

そういう営業マンはお客様の意見を聞いているようで、実は聞いていないのです。初めて家づくりをするお客様は、親切な営業マンから提案されれば「そうかもしれないな」と思ってしまいます。これは住宅業界に限ったことではないでしょう。

2 住宅業者が外構もつくりたがる理由

デメリットばかり並べられたら

住宅業者は外構について軽視しがちで、「お客様のため」という発想が建物と比べて希薄です。理由はこれまでお話してきたとおりですが、それでも住宅業者は外構まで自社で請け負いたがります。もちろん売上ということもあります。

しかし、よそのエクステリア業者から知恵を付けられ、外構優先で建物の企画変更をされては困るというのが一番の理由でしょう。お客様から「外構はエクステリア専門業者に分離発注したい」と言われると、多くの住宅業者は翻意してもらおうと、分離発注のデメリットを並べ始めることも少なくありません。

「窓口が2か所になるとお客様が大変ですよ」、「建物の引き渡し時に外構ができあがってないと、後々不便ですよ」、「外構も一緒にやらないと、建物の保証ができなくなってしまいます」、「私どもでは建物だけのご契約はできないきまりになっております」……等々、理由付けをしてきます。

どの理由も外構を何も考えず一緒につくってしまったときのデメリットと比べれば、さしたる問題ではありません。

必死に翻意してもらおうとする様子からも、建物と外構は本来全く別物だということが理解できるはずです。

中には住宅業者から「建物と外構を一緒にやらないと、外構だけでは住宅ローンの対象になりませんよ」と言われたという人が実際にいますが、これは間違っています。住宅ローンの申し込み時点で「請負契約書」や「売買契約書」など金額がはっきりわかる指定の書類を揃えておく必要はありますが、住宅ローンの対象にならないことはありません。

※ただし、金融機関によっては対象外となる場合もあるので必ず事前確認してください。

分譲地の場合はどうする？

住宅業者が自分たちの都合だけで「分離発注は困る」と執拗に言ってくるようなら、施主であるお客様は最終的に「では、建物も違う住宅業者に依頼します」ということが言える立場なのです。

【図表13　街並みの揃った分譲地の建物】

1つ問題なのは、分譲地に家を建てる場合です。分譲地では、住宅業者が最初から決まっているケースがほとんどですので、その場合、施主さんとはいえ住宅業者を選ぶことはできません。

では、外構も分離発注できないのでしょうか？

これもほとんどの住宅業者が「街並みを揃える意味でも分離発注はできません」という立場をとっています。要するに、景観の揃った美しい街づくりのために関連業者以外、よその業者は受け入れません、というわけです。

しかし､逆を言えば揃えたデザインにすることができれば、よその業者でもよいということになります。ですので一度、その分譲地で家を建てている住宅業者に問い合わせてみることをおすすめします。エクステリア業者は住宅業者の了解があるなら喜んで請け負うはずです。

分譲地の家並みは同じような建物や外構が多く、それが整った美しさを引き出しているのですが、個性に欠ける面も否定できません。一見、同じような外構でも、景観を損ねないようにほんのちょっとだけ、こだわりのデザインや工夫をしてみる。さり気ないお洒落をしている感覚でカッコいいと思いませんか？

外構分離発注することで、こういったことが可能になるかもしれないのです。

３「ご予算は？」と聞かれたらどう答えるべきか

「全くわからない」では相手にされない

住宅業者に相談しても、「どこに、いつ頃の予定で、予算はどれくらいなのか」ということは必ず聞かれる事項です。これがある程度決まっていないと、話を先に進めることができません。

中には「予算が全くわからない」という人がいますが、これだけ情報の溢れている時代です。それこそ、ネット情報や住宅情報誌に参考となる金額はたくさん出ているのに、「全く予算がわからない」という投げやりな態度では〝全く〟話になりません。人生で一番大きな買い物になるかもしれないのに、自分でちょっと検索したり本で調べることすらできないという人は、「冷やかし客ではないか」と、住宅業者からも敬遠されてしまいます。

「調べても情報が多すぎて、予算が立てれないんだ」というのであれば、そのように住宅業者に伝えるべきです。「ネットで色々調べたのですが、中々予算が立てられません。一緒に考えてくれませんか？」と真剣に言えばよいのです。

真剣に相談してくる人に対しては、真剣に答えてくれます。これはもちろん住宅業者だけでなく、エクステリア業者も同じです。特にエクステリア業者は小人数で運営している場合が多く、専任の相談担当がいない会社もあります。真剣さが感じられない相談者は受け入れてもらえないこともあり得るのです。

信頼関係こそが理想の住まいをつくる

住宅業者やエクステリア業者とは、信頼関係が何より大切です。お金の話もきちんと相談できる関係をつくっておかねばなりません。そのためには「ご予算は?」と聞かれた場合、どのように答えるのがよいのでしょう。あなたならどうしますか?

まず、正直に答えるということが大切です。「こんな少ない予算では相手にされないかな」、「あまり大きな予算を言うと、予算いっぱいのものをつくらされるかも」と思わないでください。「予算は○○円しかありませんが、この額で希望の家が建ちますか?」、「予算は○○円ありますが、この後、家具の購入も考えているのでできれば○○円に収めて欲しいです」など、具体的な数字を示して本心を伝えましょう。具体的な数字を伝えれば、業者側も具体的な提案ができるというものです。

理想の住まいをつくるには、的外れでもいいので、せめて「希望額」は伝えるということ。自分なりに勉強した成果を伝え、「よい住まいをつくりたい」という真剣で前向きな姿勢を見せることです。住宅業者にしてもエクステリア業者にしても、そうすることで一目置いてくれるようになりますし、後々意見を聞いてくれやすくなるものです。

そのとき「自分は客だ」いう考えは禁物です。あなたの今の立場は業者にとってあくまでも「相談者」。「お客様」ではありません。あなたが数多くの業者を選んでいる以上に、業者も数多くの相談者を見てきているのです。

正直さと真剣さが、信頼関係を生みます。そして信頼関係の中でこそ、お金の額だけでは図れない理想の住まいづくりが完結します。

4 見積もりの「外構は○○円くらい」は要注意!

外構見積もりの内訳を聞いておく

住宅業者との打ち合わせの中では、外構の説明もあるでしょう（恐ろしいことに全く説明がないケースもあるのですが）。「外構はこんな感じで、予算的には○○円くらいを見ていただければ……」とあまり明確にしない住宅業者も多いです。というのも、その段階ではまだ外構をどうするかということが、事実上決まっていません。

建物のデザインやプランはできるだけ綿密に決めていきますが、外構は最後です。つまり後回しなのです。お客様もまた、建物の設計の方に執心ですから、それでも特に問題とならず、打ち合わせが進みます。そして最後の最後、営業マンは言うのです。

「それと外構はまあ、こんな感じで。○○円くらいですね」。お客様は建物の全体像が見えてきた興奮で、「そうですか。ではそれでお願いします」と外構の説明は上の空になってしまいます。

営業マンも提案したプランがお客様に受け入れられ、満足していただいたようだと、万々歳でしょう。しかしこのパターンで、工夫とこだわりのある外構、使い勝手のよいエクステリアを配した庭に出会うことは、ほとんどありません。というより、完成後それほど経っていないにも関わらず、後から別のエクステリア業者に改修やリフォームの相談が行くのは、ほぼ、このパターンなのです。

ですから打ち合わせで「外構は○○円くらい」と言われたときには、「内訳を教えていただけますか」と必ず聞くようにしなければいけません。

「まだ、具体的に決まっていないので」と答えを濁されたなら、「外構の内訳がわかってから契約します」という毅然とした態度をとりましょう。

あってはならないこと

もう1つ、営業マンが外構の額を明確にしない理由があります。意図はなくとも外構の金額を全体の額の調整に使ってしまうことがあるのです。

住宅業者が外構も一緒につくる場合、外構費用は一般的に全体の額の10%（1割）くらいと言われています。もちろん施工内容によって変わるものではありますが、見積書を見てもほとんどの施主さんは外構費の内訳まで気にしません。全体の額と、その中で外構、あるいはエクステリアの項目がいくらになっているかを見る程度です。おそらくその額は事前に営業マンから聞いていた額と大差ない額になっていることでしょう。打ち合わせ通りです。

そして、住宅業者の協力会社（下請け）となっているエクステリア業者が、打ち合わせ通りの外構をつくります。しかし、あってはならないことですが、建物の施工計画に狂いが生じてしまった場合、予定外の費用がかかってしまうことがあり得ます。しかもそれが住宅業者側の責任だった場合は、お客様である施主さんに見積もり以上の請求をすることは難しいでしょう。

その場合、どうするか。外構にしわ寄せが来ます。

当初の計画と仕様が少し変わっていたり、材料が予定と違うものだったりと、厳密にチェックすれば出てくることがあります。しかし、施主さんは全体の金額、つまり支払総額が変わらない限り、そこまでチェックすることはありませんし、できないでしょう。

たとえ詳しい内容がわからなくても、外構の内訳を事前に聞いておくだけで、防げることがあるということです。

5 「相見積もり」で得する人はいない

業者が「相見積もり」を嫌う理由

相見積もりとは、複数の業者に見積もりを依頼することです。ネット上でも「最低3社以上は見積りを取りましょう」とすすめるサイトもありますし、「少しでも安くてよい業者を見つけるには相見積りしなきゃ！」という施主さんの気持ちは理解できます。

しかし、これが逆効果になる可能性があるということを、ぜひ知っておいていただきたいのです。それを生業としているなら住宅業者であれエクステリア業者であれ、相見積もりを喜ぶ業者はいません。できることなら自社を信頼して、任せてほしいのです。また、住宅関連の施工は見積もりを出すのに時間と労力がかかります。

すでにある完成された商品をいくらで販売するか、という見積もりとはわけが違います。現場を見て精査し、施主さんの希望を聞きながら計算をして、初めて見積書が完成します。見積書を出して、そのまま仕事が受注できればよいのですが、できない場合はその時間と労力は無駄になるということ。それが相見積もりを嫌う一番の理由です。

「でも、価格と内容を比較されて選ばれなかったのだから仕方ないでしょう。それも仕事のうちじゃないの？」と思われますか？

そうかもしれませんが、その損失分を間接的に負担しているのは、結局はあなた、施主さんであることを忘れないでください。業者負担は、営利目的において絶対にありません。また、複数の業者が提示した価格と内容を比較することが施主さんにどれだけ難しいことかを、まず考えましょう。

見積書にある内容は、業者によってすべて違います。共通しているのは、「その土地に住宅をつくる」「その土地に外構をつくる」ということだけです。デザインも違えば、建材などの品質も違います。違うプランを同一条件で見極めるのは、プロでも簡単ではありません。

ましてや住宅や建築についての知識が乏しい施主さんが、的確にそれを判断するのは事実上、無理と言ってよいのです。すると結局どうなるか。価格で判断することになります。しかも価格で判断するといっても一番安い見積もりを選ぶわけではないのです。

その購入商品について知識が乏しい場合、人は心理的に選択判断しています。例えば、外構予算額が200万円あったとして、3社に相見積もりを取ったとします。A社＝90万円・B社＝150万円・C社200万円。ほとんどの人は、真ん中のB社を選びます。

これを心理学では《極端の回避性》というそうです。他にも販促品・プレゼントなどで断ることを躊躇させる《返報性の法則》、最初に聞いた価格を基準にその物の価値を判断する《アンカーリング効果》《フレーミング効果》。結局、相見積もりによりその他の選択ができない《フレーミング効果》。結局、相見積もりによって『比べる』という方法を選んだばかりに、正しい『選択』ができなくなってしまうのです。

正しい『選択』をする場合、『比べる』のではなく、まずは俯瞰的にそれを『判断』し『選択』することが大切です。仮に、相見積もりするにしても、それ相応の知識と経験、その方法、合わせて複数社と対峙する覚悟が必要になります。相見積もり（競合）させて、「しつこく営業されるのは嫌だ！」という勝手な道理は通用しません。

また、ある業者の企画や見積もりを他社に伝えるケースや、他社の企画を横取りし、そこよりも安い見積もりを提示する業者も横行しています。これは倫理観を全く無視したやり方で、住宅にしても外構にしても最終的に満足できるものになったという施主さんを、私は一人も知りません。

「相見積もり」で夢が遠ざかる

「相見積もり」で合理的に選ぶつもりが、結局、詳しい内容がわからないまま無意識（心理的）に業者選択しているとなると、それが一番正しい選択だったのかも疑わしくなります。業者にとって価格を調整することは、実は簡単なのです。表面上同じで品質で調整すればよいのですから。

低品質でも新築のときはよいのですが、５年、10年と経つうちにボロが出始めます。新築わずか数年で改修工事やリフォームが必要になるという事例は、実際にあるのです。しかしそれは決して手抜き工事や違法建築物というわけではありません。正真正銘、建築基準法に基づいた住宅です。ですから後悔しても業者を責めることすらできません。

家族のために、子どもたちのために長く住める住まいが欲しいという当初の夢は価格で選んだことで、いいえ、相見積もりを取った時点で遠ざかってしまうのです。

相見積もりは、結局業者にとっても、依頼した施主さんにとっても得することは何一つありません。見積もりを依頼する前にやるべきことはたくさんあるはずです。

まず情報を集め、自分なりに勉強して、自分や家族の希望と考え方を整理してから、業者に相談することです。その上で、「ここなら信頼できる」という業者を見つけ出してください。見積もりの話はそこからです。

6 見積額で業者を選んではいけない

つまり、安かろう悪かろう……

相見積もりが一般化すると、価格競争や談合を招きかねません。こと住宅に関してそれはあってはならないと考えます。相見積もりが一般化して得する人は誰もいませんが、特にお客様である施主さんのためになりません。

繰り返しますが、業者にとって、見積もりを高くするのも安くするのも簡単なことです。価格に内容が見合ったものであるかが大切です。ただしお客様にはそれがわかりづらいため、結局最後は「自分の希望を汲んで、真っ当な見積もりを出してくれている」と業者を信頼するしかありません。

しかし相見積もりをすることで、お客様にとって相応しい理想の住まいがつくれなくなることが出てしまうのです。相談の段階で築いた互いの信頼関係が、相見積もりによって根底から崩れる。それだけは避けなければなりません。

また、低価格の業者は、低価格しかアピールするものがないという可能性も含んでいます。しかしもちろん赤字の見積もりを出すわけにいきませんから、〈低価格=低品質〉、つまり安かろう悪かろうという構図が簡単にできあがってしまうのです。しかも低品質の部分は、業者に説明されても施主さんの大半は理解できない内容でしょう。

外構費用は10％（1割）の根拠

住宅業者に外構の見積もりまで依頼すると、正確な見積もり額が出にくくなりますが、これはそのシステム上仕方のないことともいえます。

外構費用は一般的に建物額の10％（1割）くらいと言われているとお話ししましたが、実はこの数字、何の根拠もありません。住宅業者が見積もりを出す際に、「外構はこれくらいに抑えておきたい」という額が建物の1割を目安としているというそれだけのこと、いや、外構のデザインもクォリティも無視しているという意味では目安にさえならないでしょう。

住宅業者にしてみれば、金額でなくパーセント表示することで、後で調整しやすくなるという利点はあるでしょう。パーセントで表示するならまだ良心的で、中にはどんな価格の家（建物）でも、どんなに広い土地でも「うちの外構は大体○○円です」と言い切る営業マンもいます。その場合、悪いことは言いません。外構は分離発注すると、営業マンにその場で伝えてください。

そもそも見積書というのは、例えそれが住宅業者が提示した「正式な外構工事の見積額」だったとしても、着工の前段階において住宅業者にとってはローン申請のための提出書類に過ぎません。前にもお話したとおり、その外構工事費用を軽い気持ちで調整費にあててしまう住宅業者の営業マンがいるため、施主さんもある程度の内容は把握し、守るべきところは守らねばならないのです。

稀なケースですが、万一見積額の内容と実際の外構工事の内容が著しく違った場合、これが計画的であると判断されれば虚偽申請融資詐欺となりかねず、その責任は書類を提出して融資を受けようとした施主側に問われます。

〈低価格＝高品質〉は住宅業者であってもエクステリア業者であっても、建設業界全般においてその性質上、ありえません。一方で、〈大手業者は高い＝よい家〉という判断も大きな過ちです。

大きい会社は高いが安心、小さい会社は安いが不安という発想は、どうか捨ててください。その発想こそがよい業者を選択できない根源なのです。

7 「相見積もり」をせずに業者を選ぶ基準

資格の有無は最初に確認

信頼できる業者選びは、相見積もりをしなくともポイントを押さえておくことで見つけやすくなります。業者選びの基準と言ってもよいでしょう。

まず、その用途に合った資格を保有している本人が会社に在籍しているかどうかです。在籍していない場合、名義貸しという可能性もあるので注意が必要です。

◎建物ならば、一・二級建築士免許。
◎外構ならば、1・2級エクステリアプランナー
◎造園ならば、1・2級造園施工管理技士。

◎土木ならば、1・2級土木施工管理技士

このような資格を保有・在籍している業者を選ぶことが、最初の基準となります。次に、法人経営か個人事業主かということです。もちろん法人の方が様々な点で安心できます。

他にも、次のような基準で業者を選ぶとよいでしょう。

＊主な顧客が企業【下請け工事が多い】か、一般個人【直接契約が多い】か。（主な顧客対象が違えばサービスや対応方法は当然変わります）。

＊実際に施工するのは【自社職人】か【外注職人】か。（自社職人なら工事内容に行き違いや勘違いが起きにくいですが、下請け業者を介した施工はその意味でも注意が必要です）。

＊フランチャイズか独立企業か（地元にあっても地域密着型の業者ではないことがあります）。

＊ホームページの情報（代表挨拶、企業理念等をチェック。よく見ると他社と似た内容で同じような文章のものがあります。挨拶や理念まで、ＷＥＢ製作会社丸投げでは心配が残ります）。

＊年間着工数（繁忙期、閑散期があるのが普通。年中多忙な業者は、手厚いフォローは期待しないほうがよいでしょう。依頼する場合はその用途を満たすためだけのコンビニ感覚で）。

意外と重要なポイント

まず、電話での相性をチェックしてください。人間の視覚から得る情報は約８割〜９割と言われています。つまり、電話は見た目の印象（先入観）に捕らわれることなく、その業者と自分との相性のよし悪しが如実に表れます。

一概には言えませんが、あなたが「何となく違うな……」と思ったら、相手（業者）も同じような気持ちでいる場合が往々にしてあるということ。その場合はその業者を選択肢から外してよいのかもしれません。

「大切な業者選びを耳からの僅かな感覚で決めるの？」と思われる方がいるかもしれません。もちろん業者選択に絶対の方法はありません。しかし、すべてのものづくりは、人と人とが信頼し合って成り立っています。それだけ、見積もり前の業者選びは繊細で大切な作業ということです。

もう1つ、信頼感とは違った選び方ですが、業者選びで意外と見落としがちなポイントがあります。それは、建築現場から半径10㎞以内（朝・夕車で30分以内）にその会社が存在するか（展示場や営業所等は除く）ということです。

業者（施工業者）にとって遠方の工事現場は近場の現場と比べ、当然ながら工事をする職人さんの通勤に時間がかかり、作業時間が短くなります。また交通費も余分にかかることになります。10㎞を数キロ超えた位では見積額にそう影響はありませんが、作業場（資材置き場）から現場まで何十㎞もの道のりを片道1時間も2時間もかけてくる場合は、その分の工期と交通費を工事費用に換算しなければなりません。

これは業者が悪いのではなく、むしろ当然のことです。また、何か突発的な出来事があった場合でも、遠方の業者よりは近所の業者のほうが対応しやすくなるということも事実ですから、なるべく近場にある業者を選ぶということのメリットは大きいものがあります。

しかしながら、これは業者選びの最優先事項ではありません。お目当ての頼れる業者が遠方にあるならば、やはりそちらを選ぶべきでしょう。

8　外構分離発注して理想の住まいをつくる

エクステリア業者の３タイプ

エクステリア業者には大きく3タイプあります。

1つは住宅業者・総合リフォーム業者・ホームセンター・不動産屋・その他異業種の下請けとして、外構施工を行う業者です。これらの元請け業者は、最近、"下請け"という響きを嫌う消費者や該当する下請け業者に配慮し、協力会社という呼び方をすることもあります。

しかし、呼び方を変えているだけで、内容は下請け業者ですから、元請け会社を飛び越えて直接施主さんから工事を請け負うことはありません。最初に挙げた住宅業者などの元請け業者に外構工事を依頼しても、実際にはこの下請けのエクステリア業者が施工を行います。

2つ目は、最近多くなってきたフランチャイズ（FC）加盟業者です。FC本部より施工技術や経営ノウハウの提供を受けています。中には工事未経験の人が短期間で開業するケースもありますので、業者選びの際には慎重にならざるを得ません。また宣伝広告料や本部へ支払うロイヤリティーが発生するため、価格が高めになってしまう傾向があります。

３つ目が、独立型のエクステリア業者です。規模がそれほど大きくない地域密着型の業者が多いですが、立場的には住宅業者と対等、施主との関係は元請け業者となります。そのしがらみがない分、大手ハウスメーカー等の住宅業者に対してもエクステリア業者の立場、また施主さんの立場で意見や提案ができます。外構の施工をどうするか、それは施主さんの考え方次第です。「家」、「住まい」というものに対する向き合い方次第とも言えます。

また、お金の使い方の問題かもしれません。「外構や庭に、特別こだわるつもりがない、２つの業者と同時に契約や打合せするのが面倒だ、余分な手数料を払ってでも支払窓口は１つがよい」という人なら、建物も外構もすべて住宅業者に任せるのが一番よい選択です。

でも、もし、そうでないのだとしたら、外構は別途発注することをおすすめします。

エクステリア業者を賢く選ぶ

理想の住まいづくり……それはズバリ！　エクステリア業者を上手に活用できるかどうかにかかっています。そのためにも、外構の分離発注は欠かせない選択です。その場合、どのタイプのエクステリア業者に依頼するべきか。前述２つ目のＦＣ加盟業者か、３つ目の独立型外構業者のどちらかということになります。

どこにするかを決めるには、やはり相談して話を聞き、その業者の理念や実績を知った上で判断するしかありません。住宅業者は外構の設計・デザインはしますが、実際の外構工事はしません。そのため外構の細かな部分や、住んでみて問題になる点などは理解していないことが多いのです。

エクステリア業者の専門はもちろん外構ですが、建物のこともよく知っています。それは、外構は建物との相性、バランスが大切であるということをよく理解しているからです。インテリアの専門家が、その家の特性や住む人のこだわりを知った上で、家具・インテリアを選ぶのと似ています。

計画通り真面目に施工するのはよいことですが、それは当たり前のことです。自分の話をしっかり聞いてくれそうな業者、場合によっては住宅業者に意見してくれる業者、どんなことでも相談できる業者を賢く選んでください。

そして選んだなら信頼して任せることです。当然ですが、どんな業者も、業者である前に1人の人間です。信頼されれば、それに応えようとします。業者との関係性が現物となって表れる最たるものが、家づくり、住まいづくりなのです。

コラム：値切ったら高くついた⁉

外構を計画変更

よい家を、できるだけ安くつくりたい。誰でもそう考えます。

住宅業者や外構業者に見積もりをもらい、「ちょっと高いなあ。もう少し安くならないか、一度聞いてみよう」と考える人もいるでしょう。

住まいづくりの相談に行った大手住宅会社が気に入り、建物と外構を合わせた見積書をもらった田中さん（仮名）でしたが、数日後、営業マンに連絡をとって値引交渉をすることにしました。

「そうですねえ。建物をこれ以上安くするとなると、田中様が希望される家にならなくなってしまいます。もし、どうしてもということでしたら庭の外構を計画変更するしかありませんねえ」

営業マンから外構の計画変更をすることで○○万円ほど安くなると聞いた田中さんは「じゃあ、それでお願いします」と変更の詳細もよく聞かずに返事をしてしまいました。

着工してから順調に工事は進みました。時々様子を見に行くと、想像していたよりオシャレな建物になりそうで、田中さんはご満悦でした。「あの住宅業者さんはよい建物をつくってくれるし、値引きにも応じてくれた。あそこを選んで正解だったなあ」と感じていたようです。

建物、そして外構の工事も終わり、いよいよ引き渡しです。完成した我が家を見て、田中さんは大満足。引っ越しは大変でしたが、憧れのマイホームでの新生活が始まるのですから、家族でワイワイ、友人にも手伝ってもらい楽しくやれたと田中さんはおっしゃいます。

そして、季節は冬を迎えようとしていました。新居で暮らし始めてしばらく経った頃、田中さんはあることに気が付きました。建物の北側でカタコト音がするようになったのです。

改修工事の見積もりは

何だろうと思い、音のする場所に行ってみると、目立たないよう北側に設置した物置が北風を受けて音を立てていたのです。

そのときは「まあ、仕方ない」と思っていたのですが、冬が本格的になると音は次第に大きくなり、子どもたちから「夜、怖い」、「うるさくて勉強できない」と苦情が出るようになりました。様子を見に行こうとしても北風が強過ぎて、そこに行くことさえひと苦労。外部水道の蛇口も外構の計画変更で仕様が変わり、寒さが厳しい朝は凍ってしまうようになりました。

このときになって初めて、田中さんは住宅業者に値引きしてもらったことを後悔しました。当初は建物に合わせたデザイン性のある強風にも強い背の高い目隠しフェンスで敷地全体を囲う計画だったのですが、値切ったことで格安なメッシュフェンス（金網フェンス）が設置されていました。

住宅業者からそのプランを聞いたときには「メッシュフェンスのお宅は結構ありますし、いいんじゃないでしょうか。お願いします」と軽い気持ちでＯＫしてしまったのです。しかし、そのせいで北風がメッシュフェンスを突き抜けてもろに建物に当たり、音は日を追うごとに大きくなって、物置どころか北側全体が利用価値のないデッドスペースになってしまいました。

ついに田中さんは決断し、チラシで知ったエクステリア業者に、メッシュフェンスをすべて取り払い当初住宅業者と計画していた目隠しフェンスにしたいと相談しました。そして出された見積もりは、既存のメッシュフェンスの撤去代も含め、値引きしてもらった額の数倍もの金額でした。

第5章

新常識5

「よい外構」が「よい家」をつくる

「家パパさん」と「庭スマさん」⑤空き巣に入られた！

家パパ：庭スマさん、聞いてください！　新築したばかりの友人の家が空き巣に入られました！

庭スマ：それは大変じゃないですか！

家パパ：幸い大きな被害はなかったようですが、家の中が荒らされていて、警察に来てもらったと話していました。怖いですね！　何でも、奥さんが1人で家にいるとき、玄関のカギを閉めずに5分ほど裏の物置に行っていた間だったようです。たった5分ですよ！

庭スマ：もしかしたら日常的に見られていたのかもしれませんね。犯人はその奥さんが裏に行くときはカギを閉めない習慣があると知っていたんじゃないでしょうか。

家パパ：ええ～！　聞けば聞くほど怖い……。

庭スマ：そのお宅にフェンスはありますか？

家パパ：あります。けど、網になっているフェンスです。メッシュフェンスって言うんでしたっけ？

庭スマ：やっぱり……。

家パパ：メッシュフェンスはダメですか？

庭スマ：ダメではありませんが、網ですから庭の様子や場合によっては家の中まで丸見えです。ただ、ブロックフェンスより価格が安いため、意外とメッシュフェンスのお宅は多いですよ。

家パパ：なるほど。だったらメッシュフェンスのときには大きな木を植えたりして、中が見えないようにしないといけませんね。

庭スマ：さすがです！ 木を植えることは目隠しのために役立ちますね。ただし、あまりフェンス際に植えると、木が成長したときにお隣の家まで枝が張り出したりするので注意ですね。

家パパ：そういうお宅、見たことあります。

庭スマ：木を植える場所は他にもいろいろ気をつけなければいけないことがありますから、目隠しのためなら「目隠しフェンス」を設置するのも1つの方法ですね。

家パパ：「目隠しフェンス」？ 初めて聞きました。そんな便利なのがあるんですね。

庭スマ：「目隠しフェンス」でしたらフェンス際だけでなく、たとえば掃き出し窓の前など自由な場所に設置できますから便利ですよ。ただ採光（日光の入る量）も考えてくださいね。

家パパ：上手に使えば防犯にも役立ちそうですね。

庭スマ：防犯のためですと、庭全体をぐるっと囲う形で設置しなければなりませんから、やはり初めからブロックや目隠しフェンスなどのしっかりしたものを設置するのが一番です。

家パパ：空き巣の件もありますし、防犯対策が凄く気になってきました。いっそのこと……。

庭スマ：？

家パパ：お濠と石垣をつくるというのはどうでしょうか。

庭スマ：家パパさんはいつの時代の人でしたっけ……。

【図表14　ガーデンルーム。屋根は天候に合わせて自動で開閉可能】

1　間違いなく言えること

快適な暮らしを現実に

住まいづくりで間違いなく言えることが1つあります。

それは「よい外構」が「よい家をつくる」ということです。

外構はそういう意味で家の引き立て役かもしれませんが、外構を工夫することで、驚くほど快適な暮らしが現実のものとなります。

ガーデンルーム

「ガーデンルーム」をご存知でしょうか。近年、特に人気のエクステリアです。

図表14のガーデンルームは、庭の季節感を楽しむためあえて開口部を設け、壁はルーバーになっており屋根は天候に合わせ自動で開閉ができます。いわゆる昔ながらの「サンルーム」と違い、工夫次第でオープンカフェ・子供の遊び場・ゲ

ストルーム・夜はbarラウンジ・読書と様々な用途で活用できます。
「よい外構」が「よい家」をつくるという象徴的なエクステリアです。

2 しわ寄せがくる玄関ポーチ・アプローチ

住宅業者が困るから……

第3章のコラムでも触れましたが、玄関ポーチは建物の外部にあるものの、玄関部分に設置されるため住宅業者が施工することが通例となっています。

しかし、住宅業者の設計では、居住空間ではないことと施工範囲が建物本体に比べて極端に小さいことから、外構同様どうしても軽視した施工になりがちというのが実情です。

後からエクステリア業者が改修工事を依頼され現場に向かうと、十分なコンクリート厚になっていなかったり、極端なケースでは土や砂利の上にそのままタイルなどを張り付けてあったりする、いわゆる「手抜き工事」としか言えない施工をされていることも少なくありません。

さらにショッキングなのは、その事実を施工を請け負った住宅業者に問いただしても「玄関ポーチは構造体ではないため保証対象外」とまともに相手にしてもらえないケースがあり、そのため建物本体の保証期間を残しているのにも関わらず、家づくりを依頼した住宅業者とトラブルになってしまうケースも少なくないということです。

外構を分離発注した新築の家でも、玄関ポーチが問題になることがあります。

実際にこんな事例がありました。

住宅業者が規定通りに提案した玄関ポーチのデザインと施主さんが望むライフスタイルの用途に相違があったため、外構設計の依頼を受けたエクステリア業者は施主さんのために3パターンの玄関ポーチを提案しました。その設計図を持って、施主さんから住宅業者に「このように形を変えたい」と相談したところ、その住宅業者の規定で「それはできない」との見解を提示されてしまいました。

施主さんはエクステリア業者と外構業者の板挟みになり、大変苦しい思いをしました。結果的に建物という大規模な建築を依頼したことに加え、これまで親切にしてくれた施工担当者を困らせたくない理由で住宅業者の見解を受け入れざるを得ず、エクステリア業者との契約を破棄したのです。

これで住宅業者が困ることはなくなりましたが、施主さんはこれから困ることになります。自分の希望が通らず、ライフスタイルに合わない玄関ポーチをつくらされることになったのですから。

これは建物の施工途中で外構分離発注を決心した稀なケースです。途中で計画を変えさせられる住宅業者にも迷惑がかかります。こういった事態を招かないためにも分離発注を考えている場合は、住宅業者の担当営業マンには契約前に、「外構は分離発注します」とはっきり伝えてください。

住宅業者だけの問題ではない

しかし、これは住宅業者だけの問題ではありません。本書で繰り返しお伝えしているように、事前に自分の考え（ライフスタイル）を伝えていれば防げた問題かもしれないのです。

とにかく工事が始まってからでは遅いということ。それを必ず頭に入れながら、住まいづくりの計画を立ててほしいのです。施主さまにとって玄関ポーチも、大切なものであるに関わらず住宅業者に任せてしまうことが多い工事箇所であり、後回しにされてしまう部分、予算がなくなるとしわ寄せがくる部分です。

しわ寄せがくるのはアプローチも同様で、予算が足りなくなると、立派な建物にそぐわない、安価なコンクリート製の平板を敷いただけのつくりになることもしばしばです。

アプローチはあればいいというものではありません。建物や玄関ポーチとの協調性が求められますし、自分も家族もお客様も、宅配便の配達員まで使う、大切な住まいの入り口なのです。

3　配管・排水升・室外機に細心の注意を

見えないから気にならない配管の位置

よい住まいづくりのため、事前計画の段階で想定しておかなければならないのは、庭のスペースや外構部分だけではありません。外構工事を後回しにした場合、目に見えない地中に埋設される、配管や排水升の設置場所にも要注意です。というよりも、見えない地中にあるからこそ一層の配慮をしないと、改修工事が大掛かりになるだけに失敗したら大変なことになります。

駐車スペースの増設など、外構工事には地面の掘り返しが必要となる施工も多くあります。そこに配管や排水桝があったら、予定通りに工事を進めることはできなくなります。数年後にその工事を行うという計画を事前にしっかり立てておけばよいのですが、これをしない施主さんは多いです。あるいは木を植えるときなども同じです。庭が寂しいから、何か木を植えたい、子どもが生まれたので記念樹を植えたいという人は多いのですが、新築から時間が経つとどこに配管が通っているか忘れてしまう、あるいは気にすることさえなくなってしまいます。木は当然、根が広がり地中深く張り続けますから、そこに大切な配管があれば、どうなるかおわかりですよね。

住宅業者、下請けの設備工事業者は住宅業者の設計図通りに、あるいは指定がなければ設置しやすいところに設置するというのが当然のこととして行われます。事前に施主さんから要望がないかぎり、配管について打ち合わせをする住宅業者や下請け業者は、ほぼ皆無でしょう。

室外機の設置場所

ルームエアコンの室外機の設置場所も実はとても大切です。それを考えておかないと室外機が外構施工の邪魔になってしまう場合があります。室外機の取りつけが外構工事の後になるならよいのですが、実際には室外機が先で外構は後からの施工になる場合がほとんどです。

建物を先に完成させ、同時にエアコン本体を取りつけて入居。その場合、後から外構工事をしようとしても、室外機が邪魔になり、希望通りの外構がつくれなくなる可能性大です。

【図表 15 室外機の設置場所に注意！】

たとえばウッドデッキやテラスを後からつくる場合、それを想定して室外機を設置しないと室外機を移設しなければなることが多いです。当然ダクトなど配管の再工事も必要になりますから、それだけ余分な費用が発生してしまいます。

４ 隣地境界のフェンスは必須

隣地境界のブロックやフェンスの塀の役割

隣地との境界にあるブロックやフェンス等の塀は、外構の中でも最低限必要となるものです。

塀を設置する主な目的は、①敷地境界線の明確化、②防犯、③目隠しの３つです。

この役割を果たしていることに加え、建物や他のエクステリアとデザインがマッチしていること。これがよい住まいづくりに欠かせないブロックやフェンス等の塀の要件となります。

快適で安全・安心な住まいのためには欠かせない塀ですが、

家をつくるときにもっとも軽視されてしまうのも、この部分なのです。住宅業者の説明も後回し。出てくるのは建物中心の見積もりですから、結局予算の都合で、あるいは「とりあえず隣地との境界がわかればいい」程度の認識でフェンスを設置する人が実に多く、その後のトラブルや改修工事の大きな原因となっています。

フェンスと一口に言っても、デザインや機能性、素材などにより多種多様のフェンスがあります。格安で施工も簡単なメッシュフェンスは、境界としてはよいですが、ご覧の通り敷地や家の中が丸見えになります。しかも、いかにも安っぽいつくりになりますので、建物とのバランスがとれていなかったり、後から目隠しフェンスを設置しているお宅も多く見かけます。

最初に挙げた3つの要件を満たし、もっとも一般的なものは、やはりお洒落なブロックと目隠しフェンスです。3要件以外にも、頑強でメッシュフェンスと比べて長持ちする長所もあります。

ブロックフェンスと聞くと、昔ながらの「灰色の無機質なブロック塀」を想像する人も多いと思いますが、今はブロックのデザインや品質、機能性は格段に進歩しています。

また意匠性の高いブロックと、意匠性の高いアルミ製のフェンスを組み合わせることで、日光も採りやすく洒落たデザインの塀（ボーダーライン）になることがありますので、おすすめです。

目隠しフェンスは建物の向きにも関わる

目隠しフェンスは必ず敷地全体を囲むように設置すべきなのでしょうか。必ずしもそうとは言え

【図表16　メッシュフェンス、目隠しフェンス】

ない場合があります。すでにお隣で目隠しフェンスが設置されている場合がそうですし、稀なケースですが、お隣のお宅が目隠しフェンスを設置することに難色を示すことがあります。事前にどのようなフェンスを設置するのか、必ずお隣に説明をしておきましょう。

また、南側に隣地がある場合と北側に隣地がある場合も、フェンスの設置場所やつくり方に違いが出ます。建物の向きや窓の配置なども関わってきます。南側に隣地がある場合は、目隠しのためにも南側にフェンスをつくりますが、日光が当たりづらくなる可能性があります。

掃き出し窓の位置やベランダなど、目隠ししたいところと日光が欲しいところを考えてフェンスをつくる必要があります。どのようなフェンスが理想なのか、住宅業者やエクステリア業者によく相談しておきましょう。

5　苦し紛れのオープン外構

不審者が心理的に侵入しづらい？

外部からの視線や人の侵入を防ぐ塀と門扉を思い切って設置しない設計が、オープン外構と呼ばれるものです。多くは建売住宅に見られますが、注文住宅の中でこのデザインにする人もいます。

快適な住まいづくりに必要な塀や門扉をなぜ施さないのでしょうか。オープン外構のメリットは、モダンなイメージがあり開放的なこと。自慢の庭を多くの人に見てもらえること。そしてなにより外構の工事費用が安価に抑えられることでしょう。

デメリットは、見てのとおり防犯面で不安なことと、小さな子どもの飛び出しによる事故の不安です。

防犯については、「これだけオープンだと、むしろ目立ちすぎて心理的に不審者が侵入しにくくなる」。つまり防犯の視点からもプラスであるとアピールする業者もいます。

住む人からは「安くて開放的でよい。オープン外構にして正解だった」という感想の一方で、「不安である」、「落ち着かない」などの声もしばしば挙がります。後からでも塀や門扉を設置できる場合はよいのですが、そこが分譲地であったり、また地域によって協定があり、自由にそれらを施せないケースもあります。

ワンちゃんも外に出せない

どうして住宅業者がこのようなオープン外構の家を売り出したのか、本書をここまで読み進めてくださった皆さんならおわかりでしょう。

「外構は後回し」どころか、「いっそのこと、なくてもいいんじゃないか、とは言え外構という概念を全くなくすこともできない」となったわけです。

着工件数を確保するための苦し紛れの戦略であったとも言えます。当然、その分の予算は建物の方に充てることができますし、そうでなくともローコストをアピールすることはできます。

住まいづくりの計画自体、建物以外の「余計な」ことを考える手間が1つ減りますし、門扉や意匠性のあるフェンス（塀）を使用する分、アフターの問題やクレーム対象となりやすい面倒なクローズ外構を請け負わなくてよくなるのです。オープン外構は住宅業者にとってよいこと尽くしです。

住む人がよければ、全く問題はありません。住宅業者も施主さんも満足しているのですから。たしかに防犯についても不審者が心理的に侵入しづらいかもしれませんが、物理的にはとても入りやすい家であることに疑いはないでしょう。かなり離れた場所、遠くの物陰からでも家が丸見えです。

そのお宅が今留守であるということも、プロの空き巣にとっては容易にわかるはずです。小さな子どもの飛び出しも心配ですし、家族同然のワンちゃんも四六時中繋いでおくか、家の中に入っていてもらわねばなりません。

後から塀や門扉を設置する場合は大変です。何しろそのための基礎さえできていないのですから、一から工事を始めなければなりません。もちろんそのスペースは他の外構やエクステリアに影響することになります。駐車スペースが削られることなども覚悟せねばならないでしょう。

6　個人情報を守るクローズ外構

小さい自転車があれば……

オープン外構が流行し出して16～17年ほどになるでしょうか。大手住宅業者が中心となって大々的に宣伝した結果、「塀がない」という開放的で革新的なそのデザインは、瞬く間に全国に広がりました。中堅の住宅業者も続々と追随し、こぞってオープン外構の家を売り出しました。

塀や門扉がなければ仕事にならないエクステリアメーカーや施工を請負うエクステリア業者でさえ、住宅業界のシステム上、発注元の住宅業者の方針にやむなく従う他なかったのです。

デベロッパーが土地開発をし、大手住宅業者が街づくりをする際にも、同じような建物を見映えよくモダンな街並みにするため、オープン外構を採用するケースが増えました。

何しろ、外から建物が丸見えなのです。住宅業者も施主さんも、当然建物のデザインに注力することになります。そこに「外構は大切」という考えはもはやありません。する必要さえなくなったわけです。

塀や門扉のないオープン外構に対し、塀も門扉もしっかり設置されているスタイルがクローズ外構です。セキュリティも問題ないと謳われているオープン外構ですが、やはりクローズ外構と比べた場合には疑問が残ります。小さい自転車があれば、子どもがいる家庭であることがわかります。何時から何時の間にはいつも自動車がないとなれば、この時間帯は留守であることがわかります。

加えて、そこに住む人の生活の様子やプライバシーまで筒抜けになる可能性があります。

庭が雑草だらけだから、この家の人はズボラな性格なんだろう。植栽や生垣の手入れをしてなくて道路や隣地にはみ出していれば、この家の住人は自己中心的な性格なんだろう。こんなに立派な家をつくったのにカーポートはないし、境界仕切りは安いメッシュフェンス。てことは無理して家

【図表17　オープン外構とクローズ外構】

【オープンタイプ】

【クローズタイプ】

を買ったか、目先の損得で物事を判断する性格なんだろう。外構1つでそこまで勝手に想像されてしまうのです。「足元（靴）を見れば、その人の性格がわかる」という話と似ていますね。

今風で開放的とされるオープン外構ですが、外構とは「外に構える」から外構なのです。外に構えるものがないなら、もはやそれを外構（エクステリア）と呼ぶことはできないのではないでしょうか。

選ぶのは施主さん

施主さんは家の中のことはよく考えます。しかし、家の外のことには、そこまで気を回さないという人が多いのです。それだけに家の中よりそこに住む人の性格や暮らし向きがそのまま出やすく、クローズ外構はそれを守る役割を持ったデザインということです。

人の目に付く外構にこだわりや工夫が必要という意味は、そういうことでもあります。

住宅業者がオープン外構をすすめたとしても、それを選ぶのは施主さんです。選択する権限は施主さんにあります。

施主さんがどちらを選ぶにしても、クローズ外構であれば、そこまで知られることのない個人情報が、オープン外構では筒抜けになる危険がある、ということは覚えておくべきです。

7 「よい住まい」とは「美しい家」のことではない

安くてよい家はつくれるのか

建物ばかりが立派で美しくても、それが必ずしも「よい住まい」ではないということ。そして「よい住まい」をつくるには、むしろ建物以外の部分が大切であるということ。その大切な部分を担うのがエクステリアなのです。

建物は、安くてそれなりに美しいものがつくれてしまいます。近年、ローコスト住宅がもてはやされていますが、ローコストで建物が丈夫で長く住める、立派な家がつくれるでしょうか？　普通に考えればわかることです。一般的な価格の家と、ローコスト住宅が同じ品質のはずがありません。ましてや外構のデザインやクオリティなど、蚊帳の外です。

住宅業者もその辺りのことは一部認めています。材料費・人件費・広告費、その他諸経費を安くすることで、建物の坪単価が大幅に安くなるというのは、確かにそのとおりでしょう。

しかし、人件費を安くするというのはどういうことでしょうか。従業員の人数をローコスト住宅の場合に限り減らすというのは無理があるのではないでしょうか。広告費を低く抑えることにも限界はあるでしょう。

ローコスト住宅という言葉こそ使っていませんが、価格の安さをアピールしている大手住宅業者のテレビＣＭは、今日も流れています。そうなるとやはり、一番目立たずに安くできるのは材料費と施工費ということになります。これは現場の人件費を抑えることにも関係するのですが、建築に当たる職人さんを減らしても、できてしまうという事実。安い材料の家とは、短期間で多少の技術があれば簡単につくれてしまう家のことなのです。

一般的にローコスト住宅で目に付くのは、水廻り部分と外壁（がいへき）のグレードの低さです。水廻りのキッチン、バス、トイレはもちろん新品で今風のものですが、賃貸マンション等で多く使用する比較的ローグレードなもので、外壁はトタン板に亜鉛メッキを塗布した素材「ガルバリウム鋼板」というものを採用している物件が目立ちます。

ローコスト住宅や建売住宅の最たるコストダウンポイントはこの外壁です。建物に属するものでもやはり外部部材のものは軽視されがちなのです。

外壁のグレードは次のとおりです。

「トタン板（主にプレハブの壁等に使用）〈ガルバリウム鋼板（トタン板に亜鉛メッキを塗布したもの）〈サイディング壁（セメントと繊維を混ぜたもの）〈磁器タイル壁（陶器）」。

当然、価格も含め経年劣化や耐久性はこれに比例します。

※その他にも喰壁、モルタル吹付壁、ＡＬＣ壁等々、多種多様ですがここでは省略します。

ローコスト住宅のメリット

では、ローコスト住宅のメリットはなんでしょうか。

なんといっても価格が安いということ。この事実に多くの人が、多少の不都合には目をつぶってしまいます。「安いんだから仕方ないよね」と考えてしまうのです。

でも、ちょっと待ってください。ローコスト住宅や安価な建売住宅などを買うと、早めの修繕リフォームが必要になることをきちんと想定していますか？　先にも書きましたが、いくらローコスト住宅が建築基準法や耐震性を満たしていたとしても、一般的な価格の家と全く同じ品質のはずがありません。新築当初の品質が軟弱なものならば、住宅ローンの支払いが終える前にそれ相応の修繕リフォーム工事は確実に必要となります。

家というものは、すぐに修繕リフォームをする前提でつくるものでしょうか？　本書でも将来を考えて改装しやすいようにしておく必要性はお話しました。しかしそれは改装というレベルの、外構に関してのことです。

改装とは、さらに快適にする工事と修繕であるべきです。不具合を直す工事とは全く意味が違います。建物自体は少しでも長く、家族の思い出も大切にしながら住むものではないでしょうか。「早い段階で修理しながらでも、安くて広い家に住めるならそれも悪くない」という人もいるでしょう。

しかし毎回の修繕リフォーム、時には数十万、数百万と費用がかかります。下手をすればローンが払い終わる頃には、もう一軒家が買えたくらいの修繕リフォームをしているかもしれません。残念ですが、それを見越してローコスト住宅を販売している住宅業者も少なからず存在します。

そう考えるとき、ローコスト住宅のメリットとは、住宅業者のメリットのことを言うのではないか、とさえ思えてしまうのです。

8 「よい外構」が幸せを招く

理想の外構とは奢侈品

価格が安過ぎる家には安いだけの理由があり、いろいろな面で不都合が生じることがありますが、逆に高い家ならよいというものでもありません。自分の中で的確な部分に適切なお金のかけ方をすることが、満足できる理想の住まいづくりにつながるということです。

そして理想の住まいづくりとは、理想の外構づくりから始まると言っても決して間違いではありません。理想の外構とは「奢侈品（しゃしひん）」です。つまり贅沢品なのです。

しかし、だからこそ大切に考えていただきたいと思います。外構は奢侈品ではありますが、「そんな贅沢なものはいらない。自分には不似合いだ」と思っているうちは、理想の住まいはつくれません。マイホームをつくること、一戸建て住宅を買うこと、それ自体が贅沢なことだからです。

あなたがこれから家をつくることを考えているなら、その理由はなんでしょうか？　様々あると思いますが、今の賃貸マンションではダメですか？　今のアパートで生活はできませんか？

「もちろん生活できなくはないけれど、やっぱり家族のため、子どもたちのためにも一戸建てにこだわりたい」と答える人が多いのではないでしょうか。

でも、一戸建てはお金がかかります。この先何十年もローンを返済しなくてはなりませんし、住まいの管理も自分でやらなければなりません。大変ですよ。それでも戸建てが欲しいのですか？

もちろんイエスですよね！　人は夢や目標がなければ生きられません。夢と目標を具現化し、家族と分かち合うものが「理想の住まい」なのだとしたら、外構や庭を後回しにしてはいけないのです。

宝石を新聞紙で包む!?

外構や庭を理想的なものにするには、もちろん費用がかかります。予算がないとよい外構はできないのでしょうか？

そんなことはありません。事前の計画をしっかり立てて、今必要なものと将来必要になるものを見極めること。その作業を後回しにせず自分の意見を明確にすれば、少なくとも後悔する外構や住まいにはなりません。人によって今必要なものが違うかもしれませんが、それを住宅業者に決めさせてはいけないのです。

あなたとご家族が今必要なものに、外構と庭は含まれませんか。よい住まいとは、家（建物）と外構がセットになり、互いによい意味で影響し合って価値を高め、生み出されるものです。ですから、今必要なものに外構と庭が含まれていないというのは理屈が通らないことになります。

高価で美しい指輪を贈るとき、新聞紙で包んだり、使い古したスーパーのショッピング袋に入れて贈るでしょうか？　宝石店の包装紙やお洒落なピローケースに入れて贈るでしょう。それを贅沢とは言いません。贅沢と言うなら、その中身の指輪も含めて言うべきでしょう。

そして案外もらった人は中身にも増して、受け取った瞬間に目にした包装紙のデザインのほうを覚えているようです（笑）。幸せを生み出すため、包装紙やケースも一役買っているのです。

よい外構や庭が幸せを招くということ。そうあっても決して不思議ではありませんね。

コラム：見え過ぎちゃって困る

庭にあったのは犬の……

「カッコイイ家に住みたい」。

かねてよりそう思っていた佐々木さん（仮名）は、相談した住宅業者のすすめもあってオープン外構の家をつくることにしました。カタログにはモダンでカッコイイオープン外構の住宅が並び、佐々木さんにとってそれはまさに理想の家だったのです。

「開放的な自由空間」。そんな宣伝文句が、佐々木さんの胸を躍らせます。「開放的で自由なんて、自分にぴったりだ！」とまさに一目惚れでした。

さて、ついに引き渡しの日が来ました。「オープン外構だと意外と早く完成するもんだなあ」と思いながら、佐々木さんは開放的なオープン外構の家に大満足です。引っ越しも無事に終え、新しい我が家に子どもたちも大はしゃぎ。幸せの絶頂とはまさにこのことでしょう。

入居から何日か経った休日のあるとき、小学4年生になる上の息子さんが言いました。

「ねえ、パパ。近所の人が前の道を通るとき、みんなウチのほうを見てるよ。きっと新しくてカッコイイ家だから羨ましいんだね」。

「そうか？」

佐々木さんは何気なく窓から外を見ると、ちょうど前の道路を歩く人と目が合ったのです。ギョッとして思わずカーテンを閉めた佐々木さんでしたが、「こんなに天気がいいのに、カーテンを閉めてはもったいないなあ」と再びカーテンを開けることにしました。

でもそれから前の道路を歩く人の視線が気になって仕方ありません。普段は仕事に行っているのでよいのですが、休日の度にカーテンを開けたり閉めたり……そんな状態が数か月続きました。

ある日の朝、今度は庭にいた幼稚園児の娘さんが大騒ぎしながら入ってきました。

「ねえ、パパちょっと来て！　庭に犬のウ○チが落ちてるよ！」。

「ええ〜!?」

佐々木さんはシャベルと袋を持って庭に出たのでした。すると確かに黒々とした犬のウ○チが。「まったくもう……どこの家の犬だ」と言って、ふと道路側にある植え込みを見ると、いくつかの犬らしき足跡の隣に、大きな人の足跡。ようやく咲いた愛らしい花は踏みつぶされ、見るも無残な姿になっていました。

このときになって、佐々木さんはオープン外構のデメリットを実感しました。

「住宅業者の人はセキュリティーも問題ないって言ってたけど、これじゃ心配だな……」

先に帰ってもいい？

新居に移り住んで初めての夏休み。佐々木さんご家族は3泊4日の旅行に行くことになりました。子どもたちはもちろん大喜びで、旅行を満喫している様子。佐々木さんの奥様も、久しぶりの家族旅行とあってリラックスした雰囲気です。

そんな中、一人浮かない顔をしていたのが佐々木さんでした。

「どうしたの？　体調でも悪いの？」と奥様が心配して声をかけました。

「いや、別に」と佐々木さんが答えると、「だったらもっと明るい顔してよ。せっかくの旅行なのに子どもたちも心配するじゃない」と奥様。ごもっともです。

そして少しの沈黙の後、佐々木さんは重い口を開きました。

「なあ、俺だけ先に帰ってもいいかな。ちょっと、家と庭が心配なんだ……」

第6章

新常識6

小さな土地こそ、すごい家ができる

「家パパさん」と「庭スマさん」⑥日曜大工の得意な叔父さん

家パパ：住まいづくりのためには子どもたちの考えも大切だと思って、意見を聞いたんです。そうしたら、「イヌ」が飼いたいって言うんですよ。

庭スマ：ほおぉ～。いいじゃないですか。

家パパ：一軒家なので「わかった」と答えたんです。それで、庭に芝を敷いてドッグランをつくろうと思って、親戚の叔父さんに聞いてみたら手伝ってくれるって。

庭スマ：いい叔父さんですね。よかったじゃないですか。

家パパ：そうなんですけど、もしよければブロックとフェンスもやってあげるよって言われたもので、どうしたものか庭スマさんに相談してから返事をするつもりでいます。私としてはそれで外構費用が安く済むなら頼んでみてもいいかなと……。

庭スマ：家パパさん、理想の住まいって本当は自分で手をかけてつくるのが一番なんですよ。親戚や友人にも手伝ってもらいながら一緒につくれるなら、それが最高なんです。

家パパ：そうなんですか!?

庭スマ：もちろんです。お金もかからないし愛着を持って暮らせるでしょう?

家パパ：それはそうですが……

庭スマ：でも現実には難しいですよね。実際に同じような人は多いですよ。建物は無理だけど、フェンスとかブロックだったら、ホームセンターで売っている材料でつくれるんじゃないかって。先日も日曜大工の得意な親戚の人にフェンスをお願いした人がいましたが……。

家パパ：どうでした？

庭スマ：高さもバラバラで、よく見ると曲がって設置されたそうです。水平になっていないし、グラつくところもあったようです。でも親戚に苦情を言うわけにもいかず困っていました。

家パパ：所詮は素人ということですね。私もやっぱり断ろうかな……。

庭スマ：自分たちでできることを楽しくやるのは素晴らしいことです。でも、つくるものによります。フェンスやブロックの施工は簡単そうに見えてとても難しいのです。しっかりつくらないと倒壊の恐れもありますから危険も伴います。ここはぜひエクステリアプランナーに依頼することをおすすめしたいです。

家パパ：エクステリアプランナー？

庭スマ：文字通り、エクステリアのプロです。エクステリアプランナーのいるエクステリア業者にお願いするのが一番です。

家パパ：わかりました。叔父さんのほうは断って、エクステリアプランナー探してみます！

庭スマ：（私もエクステリアプランナーなんだけどなぁ……）

1　庭が狭いと納得の外構はつくれない？

狭い庭も工夫次第

外構にこだわらず、住宅業者に一括発注する人でも、「格好いい外構にしたい」と考えている人はいます。ただ、一括発注で格好いい外構にするには、実は大変でお金も余計にかかります。

外構に対して夢やこだわりを持つ人が、住宅業者に外構を依頼して抱く感想は「想像していた庭と違った」というものです。特に郊外と比べて狭小地が多い市街地など、これだけのスペースでは自動車をとめるのがやっとで、庭やテラスでゆっくりくつろいだり、花壇をつくって花いっぱいの庭にしたいという夢の実現は難しくなってしまいます。

理由はもちろん、住宅業者の提案通りに建ぺい率いっぱいの建物にしてしまうから。

それでも、工夫次第で狭いスペースを有効に活用できますし、お洒落で庭を広く見せることなども可能です。むしろ限られた狭いスペースの中でこそ、エクステリアプランナーのノウハウが役立つのです。外構や庭のことをそこまで考えて提案してくれる住宅業者はほとんどありませんし、そもそも住宅業者の中にエクステリアプランナーが在籍すること自体、極めて稀です。

こだわりのハイセンスな外構・庭にしたいなら、やはり外構分離発注で専門のエクステリア業者に依頼するのがベストな選択なのですが、様々な事情でそれができないことがあるかもしれません。

その場合、最低限の外構工事と将来のことを考えた準備だけをしておく、というのも１つの良策です。そのために「ここだけは譲れない」ということをピックアップしておきましょう。

希望を明確に

「リビングに大きめの掃き出し窓とダウンライト」、「キッチンに勝手口が欲しい」、「クローゼットはウォーキング」。
建物の譲れないポイントは案外気が付くのですが、外構に関しては施主さんも住宅業者も気づかない、というよりわからないのです。たとえば将来、こんな希望があるということを住宅業者に伝え、そのためには何を考慮しておくべきか担当営業マンと相談します。
「ウッドデッキをつくりたい」（室外機や水栓の位置を考慮）
「玄関ポーチに自転車を置きたい」（ポーチの広さを考慮）
「家とは別に、庭に離れの小屋を建てたい」（資材搬入経路や建ぺい率を考慮）
「来客用に車をもう１台停めたい」（建物配置や間取りを考慮）
「玄関ポーチにスロープを付けたい」（ポーチの段数を考慮）
「家庭菜園をつくりたい」（設備・排水桝、配管の埋設位置を考慮）
このような施主さんの希望は、言われなければ知りようがありませんし、また相談をしても住宅業者は「無くても大丈夫ではないですか？」、「建物引き渡し後に楽しみは取っておきましょう！」などと施工しない方向に誘導しようとするかもしれません。

しかしそこは、施主さんの熱意にかかっています。これを相談することで、考慮すべきと括弧で示したようにそのためのスペースを確保してくれるかもしれませんし、地中の配管やエアコン室外機の位置の配慮、外部の電源や水栓も設置してくれるのですから。

2 エクステリアプランナーの腕の見せどころ

外廻りのエキスパート、エクステリアプランナー

準備さえ整っていれば、後は施主さんの夢のためエクステリア業者のエクステリアプランナーが腕をふるってくれます。「狭い庭なのに、本当に大丈夫なの？」という心配は無用です。狭い庭ほど、エクステリアプランナーの腕の見せどころなのですから。それでも、どうしても物理的要因で難しいときがあるかもしれません。そのときはエクステリアプランナーが代わりとなる最善のプランを提案してくれるはずです。

エクステリアプランナーは、なぜエクステリアプランナーと呼ぶのかご存知ですか？　もちろんエクステリアのプランを提案するからですが、意味するところはそれだけではありません。

エクステリア商材は、カーポートやフェンスなどの「アルミ製品」と、ブロックや天然石、レン

ガなど組積材・敷材の「マテリアル製品」の大きく2つに分類されます。それに合わせて、物置等の鋼板製品、ウッドデッキ等の木製品、立水栓等の外部設備用品、人口芝等の樹脂製品、ほか素材の限り日々大小、多数のエクステリア商材が開発製造されていますが、エクステリアプランナーとは、その既製品をどう組み合わせて最適な外構にするかをプランニングする人のことを指すのです。

一口に既製品と言っても、その種類とアイテム数は無数です。ホームセンターの売り場を見ただけでも、たくさんのエクステリア商材が置いてありますが、その他にもカタログでしか見られないプロ仕様のエクステリア商材がたくさんあるということです。

あらゆるエクステリアを熟知

エクステリアプランナーは、その既製品を上手く使いこなす専門家と言えるかもしれません。エクステリアプランナーには1級と2級があり、国土交通省が監理する公益社団法人が運営している民間資格です。

2級に受験資格の制限はありませんが、1級となりますと、建築士や土木施工管理技士、造園施工管理技士といった建築・造園・土木関ほか建設係のいずれかの資格を取得していなければ受験できないため、その水準はかなりハイレベルです。エクステリアだけでなく建築や造園・土木の幅広い知識と技術が必要となります。

建物にマッチした外構や庭、住む人のライフスタイルを考慮したエクステリアの提案ができるのは、こういった下地があるからです。

その上でエクステリアメーカーのあらゆる製品とその特性を熟知していますから、既製品とはいえ選択肢が無限にあり、施主さんの希望通りにいかないときでも、最適な代替案をプランニングすることが可能となるのです。

エクステリア業者の中にもエクステリアプランナーの資格取得者がいない会社もありますし、いなくてもプランニングや施工はできます。しかし、やはり建物のことまで考慮できる資格を持っている業者に大切な外構や庭づくりは任せたいですよね。

3　住宅業者の提案とプランナーの提案はここが違う

プランニング能力に開きが出るわけ

外構はエクステリアプランナーの資格を持っていなくても設計やプランニングはできますし、提案もできます。独立したエクステリア業者だけでなく住宅業者にも有資格者はいますが、ごく少数です。いたとしても建物重視の会社のやり方を超えてプランニングすることはないでしょう。

そうなりますと、プランニングの前提がエクステリア業者のプランナーと住宅業者のプランナーでは違うことになりますので、自ずと提案力、また技術力という点で両者に開きが出てくるのです。

あくまで一般論ですが、外構（エクステリア）工事を取り扱う企業における、エクステリア業者

【図表18 外構・エクステリア工事を扱う業者一般的マトリクス】

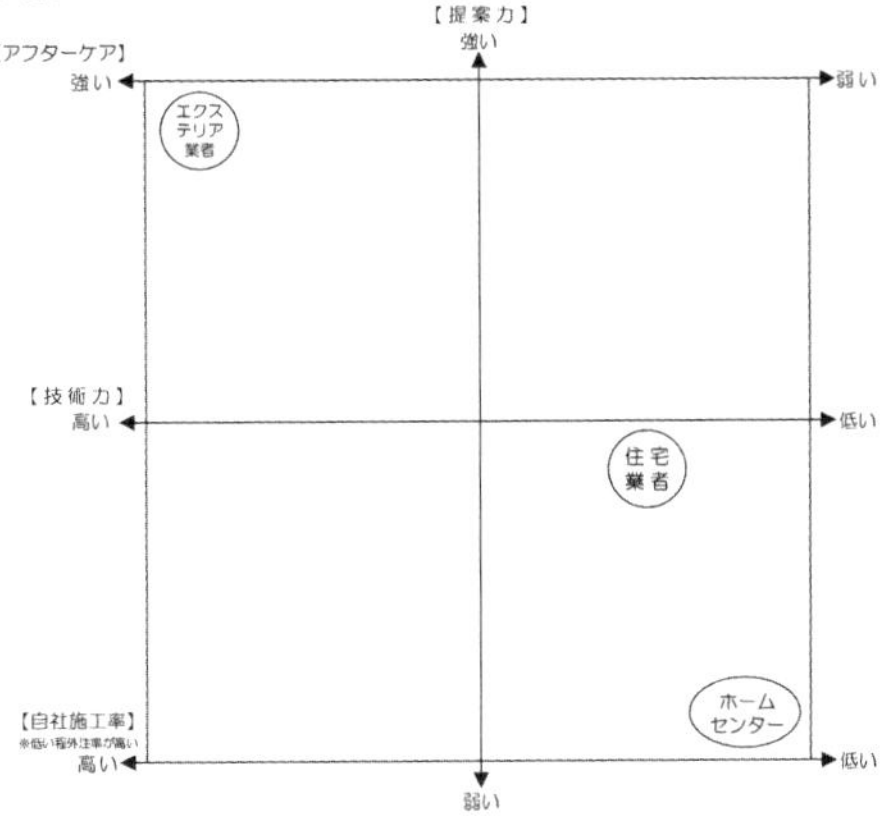

と住宅業者の違いを、ホームセンターなどの量販店も加えたマトリクス図で表すと、図表18のようになります。

住宅業者は建物の専門家であり、優先事項がエクステリア業者とは異なります。建物のプランニングが前提で、残りの敷地（土地）に最低限の外構・庭をつくるという基本スタンスですので、外構・庭の提案力という意味では基礎的知識はあるかもしれませんが、アフターケア・技術力・自社施工率は、低いと言わざるを得ません。

ホームセンターは、あくまでも小売が主たる業務内容ですので、その意味で、図表18の中ではこのような評価になります。

プランニングとはつまりこういうこと

敷地（庭）へのプランニングというのは漠然と感じられるかもしれませんが、限られた敷地（庭）の面積や実情を踏まえ、施主さんの希望をどのように実現していくか、どうしても無理な場合は代わりにどんなプランを提案できるか、調整力が求められます。

プランニング（提案力）に関しては、他にもこんな事例があります。北海道・東北・北陸地方では水栓が凍結しないように不凍水栓（水抜き栓）の使用が不可欠となっていますが、他の地域から来た住宅業者の下請けがそれを知らず普通の立水栓を取りつけ、後から地元のエクステリア専門業者がそれを不凍水栓に交換したというケースです。

外構は家の外にありますから、寒さや暑さの地域性を配慮したプランニング（提案力）も求められるのです。

4　狭い庭の外構アイデア①

狭い庭を広く、お洒落に

狭い庭を有効活用するために必要な考え方を、エクステリア専門業者1級エクステリアプランナーの視点から提案してみましょう。実際にはそのお宅の事情によってプランは違いますが、ヒントにはしていただけるはずです。

①囲う

狭い庭だからこそ、思い切って囲ってみる方法は有効です。「圧迫感を感じて余計に狭く感じるのでは？」と思われるかもしれませんが、囲うことで空間を認識しやすくなり、逆に「意外と広い」

ことがわかります。そこからさらに素敵なアイデアも浮かぶでしょう。

「囲う」ことはエクステリアの基本です。お向かいやお隣さんまでの距離が近い場合には目隠しにもなりますし、小さな子どもさんの危険防止にもなります。囲うためのフェンスはデザイン性の優れたものがたくさんあり、それを選ぶ楽しさもあります。

②敷く

「囲う」とともにエクステリアの基本と言えるのが、「敷く」ということです。芝生を敷くのもよいですが、手入れに手間がかかりますし、虫が発生しやすくなります。それよりも簡単で手間いらずのレンガやタイルを敷くことをおすすめしたいと思います。

一度敷いてしまえば、ほとんど管理の必要がなく、しかも敷くだけでお洒落でモダンな雰囲気が味わえます。万一、撤去する必要が出た際に、比較的簡単な工事で済むことも施主さんの利点です。

狭くても花や緑を楽しみたい

③鑑賞する

囲って敷くだけでなく、花や緑の景色を楽しみたいという場合には鑑賞をポイントにエクステリアを活用しましょう。和風にしたいなら、レンガやタイルではなく砂利を敷くと風情が出ます。

また、地面に直接木や花を植えるのは意外と手間がかかるもの。代わりに腰くらいの高さの木製花壇を置いてみるのもよいアイデアです。花や緑にボリューム感を持たせることができますし、ちょうどお花が目線の高さにくるようにすれば、いつでもその景色を楽しむことができます。

5　狭い庭の外構アイデア②

短くてもアプローチにひと工夫

さらに具体的なアイデアを提案します。「住宅業者から狭くて無理と言われた」と、外構や庭の工夫をあきらめていた人にも参考にしていただきたいと思います。

①アプローチを工夫する

庭が狭く、たとえその距離が短くても、玄関へ通ずるアプローチをひと工夫するだけで、ガラリと家の印象が変わります。お友達が家を訪ねてくるのが待ち遠しくなります。道路から玄関ポーチまで距離が短い場合は、曲線状に手前から奥に向かって間口を狭くし奥行感を出すこともできます。

また、施工範囲が狭いからこそ施工費がグッと抑え

【図表19　遠近法を平面と立面に活用したアプローチ】

※道路から玄関ポーチまで３m弱しかない。

られますので、アプローチをただのコンクリートではなく、天然石を敷いて周囲の縁にレンガを並べれば、ただの通路からどんな訪問者にも恥ずかしくないお洒落なウェルカムロードができます。

　さらに最近ではエクステリアの夜の演出にも凝る人が増えています。アプローチライトを1つ設置するのではなく、LEDライトを地面や塀に埋め込み、両側にいくつか配置するとこれもまた雰囲気たっぷりで、夜、家に帰るのがますます楽しみになります。

　ただし、電源について事前に確認しておくことを忘れないように注意してください。

②マイカフェテラスをつくる

「狭い庭にカフェテラスがつくれるの？」といった声が聞こえてきそうですが、実際につくることができます。特に市街地に家を建てる場合、リビングの掃き出し窓からお隣の境界線まで数十センチということもあり、その数十センチが庭になります。

　こういった土地の施主さんは一様に「こんなの庭じゃない」とおっしゃいますが、エクステリア業者に言わせればどんなに狭い空間も、外にあるならそれは立派な庭なのです。

　隣地境界線に目隠しフェンスを施し小さな椅子とテーブルを置けば、可愛いマイカフェラスのできあがりです。狭い庭だからと楽しむことをあきらめないでください。

どんな狭い庭にも見上げれば、青い空が広がっています！

和室ならではの選択

③「雪見窓」を付ける

庭を楽しむという意味でおすすめしたいものがあります。

これは外構とは違いますが、「雪見窓」というのをご存知でしょうか？　床の間などの足元部分に施す窓のことです。

その目的は、敷地が狭く庭らしい庭がない場合、春は除けの土色、夏は下草の緑、秋は紅葉（落葉）の赤、冬は雪の白と、四季を家の中から少しでも優雅に感じることです。目線を下に向け余計なものを見せないようにする先人の知恵です。

今の時代はなかなかそこまで気づく人は少ないのですが、建物本体に「雪見窓」を施す場合は、住宅業者に前もって話しておくとよいでしょう。そうした要望は業者にも一目置かれます。

6　坪単価のトリック①

格安のエクステリア工事を施さなければいけない構造

小さな狭い庭は、エクステリアプランナーの腕の見せどころではあるのですが、やはり「もう少

【図表20　延べ面積・敷地面積・建築面積】

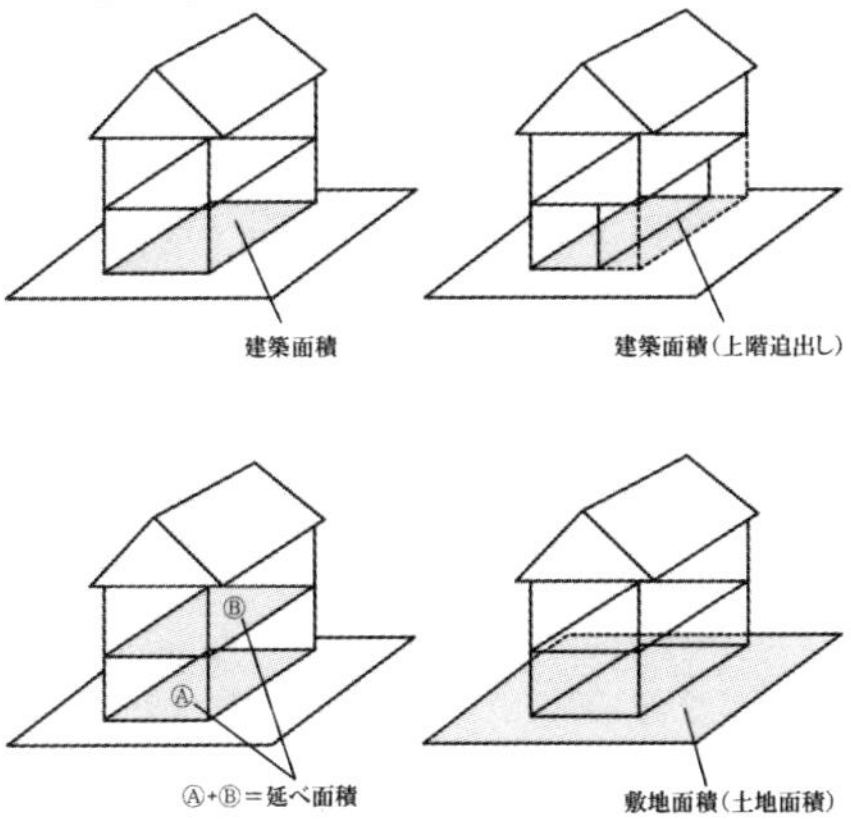

し庭が広ければもっとよい外構、もっとよい住まいになるのに……」と感じてしまうというのが正直なところです。先に建物ありきでのプランニングは、どんなにキャリアの長いプランナーであってもやはり限界はあります。

この原因はほとんどの場合、建物価格を基準とした外構工事単価を算出していることにあります。

地域によって定められた建ぺい率や容積率によって、その敷地につくることのできる建物の広さ、つまり建築面積が決まります。

建築面積とは、土地を真上からみた建物の平面積のことです。たとえばバルコニーなどがあり、1階部分より2階部分がせり出していれば、その広さが建築面積となります。決して1階部の面積を指すのではないということを、知っておいていただきたいと思います。

ちなみに延床面積というのもありますが、これは1階部分の床面積と2階部分の建築面積を足したものを指し、そこから容積率を算出します。

総床面積は建坪とも言い、建築費用の見積もりを出す際は、1坪あたりの建築単価、つまり坪単価を目安にすることが慣例化されています（その他、細かな規定がありますが、本書では割愛させていただきます。詳しくは関係各所にお問合せください）。

そして、この坪単価の算出法にこそ庭が極端に狭くなったり、格安のエクステリア工事を施さなければならなくなったりして、理想の外構・住まいがつくれなくなるトリックがあるのです。

建物の10％という予算取りの根拠は

例えば、あなたが100坪の土地に平家（1階建）をつくりたいと住宅業者を訪ねたとします。応対した営業マンから「ウチは坪単価50万円です」と言われました、調べたところその土地の建ぺい率は80％でしたが、駐車スペースと庭を広く使いたいので建物は30坪に留めました。

［100坪×30％＝建築面積30坪］となり、［30坪×50万円＝1，500万円］の予算で家がつくれることになります。しかし、もちろんこれに外構の予算は含まれていません。

住宅会社では建物の価格の10％（1割）程度が外構予算とされることが一般的です。仮に10％とすると、建物と外構を合わせた予算は、［1500万円＋（1500万円×10％）＝1650万円］が、建物と外構を合わせた予算であり価格ということになります。

「妥当じゃないの？」と思われるかもしれませんが、その場合、建築面積30坪なら残りの敷地（庭）

面積は70坪です。70坪の敷地（庭）に外構工事の予算が150万円となります。

エクステリア業者としての経験、また顧客データから計算すると、施主さんの一般的な要望を満たす外構坪単価は坪10万円以上になっています。多くのエクステリア業者も同様でしょう。

しかし、これはあくまで要望をすべて満たした場合ですので、最終的にはこの額を大きく下回るというのが実情です。ここでは［150万円÷敷地（庭）面積70坪≒2・1万円］、つまり坪2・1万円で外構工事をすることになります。

7 坪単価のトリック②

外構の坪単価にフェンスは含まれない

では、あなたと同時期にお隣に同じ土地の広さ100坪で、建ぺい率いっぱいの建築面積80坪、総二階建て延べ床面積160坪の家を建てる施主さんがいたとしましょう。この住宅業者の建築坪単価は50万円ですから、このお客様は［50万円×延べ床160坪＝8000万円］の家を建てることになります。

もちろんお客様は最低限の外構も希望していますので［8000万円＋（8000万円×10％）＝8800万円］が、建物と外構を合わせた価格となります。外構の坪単価は［800万円÷敷地（庭）面積20坪＝40万円］となり、坪40万円の豪華な外構がつくれます。

【図表21　異常な外構坪単価】

【仮定】
土地面積100坪／建ぺい率80％／容積率200％
土地100坪
Aさん
平屋1階建建・建築面積30坪
延べ床30坪×坪単価50万円＝
建物価格1,500万円
建物価格1,500万円×外構10％＝
外構価格150万円
建物1,500万円+外構150万＝
総工費1,650万円
外構150万円÷庭面積70坪＝
外構坪単価2.1万円
※ブロック、フェンス等の境界立上り面積考慮なし
敷地(庭)面積70坪
土地100坪
Bさん
総2階建建・建築面積80坪
延べ床160坪×坪単価50万円＝
建物価格8,000万円
建物価格8,000万円×外構10％＝
外構価格800万円
建物8,000万円+外構800万＝
総工費8,800万円
外構800万円÷庭面積20坪＝
外構坪単価40万円
※ブロック、フェンス等の境界立上り面積考慮なし
敷地(庭)面積20坪

★建物価格から外構価格を算出すると施主の意図しない外構単価となる。

しかし、これでは街並みを揃えたい住宅業者の思惑に添いません。その場合は建物に予算の多くを充てる見積もりを出され、結局外構は格安のものを使わざるを得なくなるという可能性が大いにあり得るのです。

同じ住宅業者でお隣同士、一方は坪2・1万円の外構、もう一方は坪40万円の外構です。「外構は建物価格の10％程度」とは誰が言ったのでしょうか。不思議でなりません。

もちろん、これは極端な例ですが、つまり、ここで言いたいことは、「外構予算は建物の10％程度」という数字には全く根拠がないということです。

そして、外構の坪単価を求めるために敷地面積―建築面積＝外構施工面積だけを用いては、正確な坪単価と外構予算が見積もれないということです。

これはエクステリア業者だけでなく、お客様である施主さんのためにもならない重大な問題です。

外構にはブロックやフェンスの立面（立上り）が含まれます。外構の坪単価が敷地（庭）面積だけで計算されるなら、

【図表22　外構面積の算出に用いるべき面積】

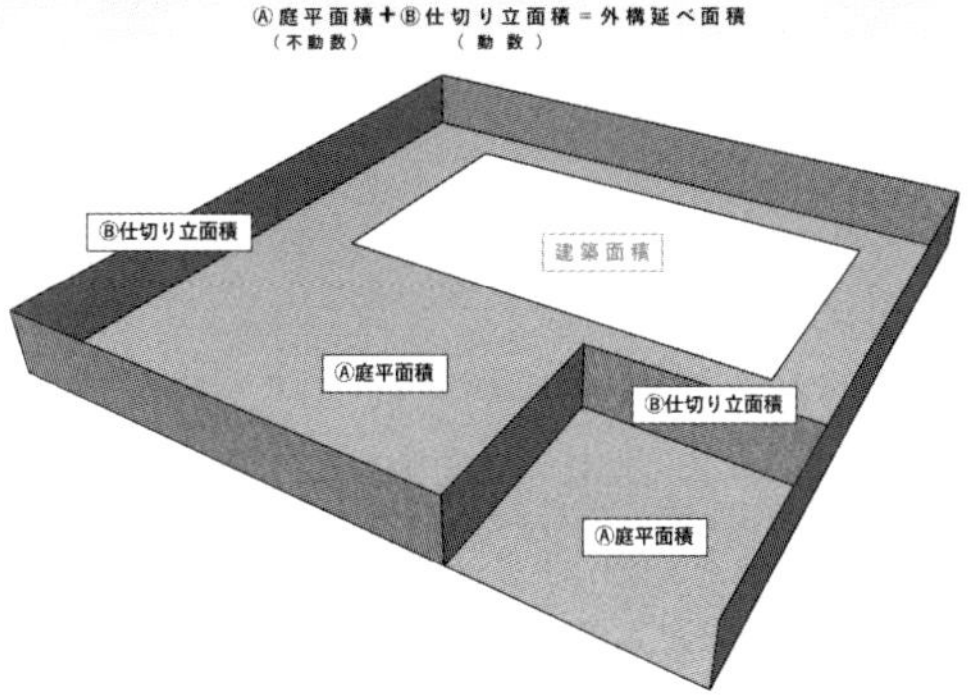

その塀やフェンスの面積と予算はどこに含まれるのでしょうか。現状では全く無視されているのです。

それが最終的にお客様の希望通りの外構にならない、最大の欠陥であり盲点です。図表22をご覧ください。

外構予算の算出は、庭平面積と、そして「仕切り立面積」を合わせたものにするべきです。

この「仕切り立面積」というのは、本書の著者（丸山）がつくった造語です。驚くべきことにそれを表す言葉が、これまでなかったのです。

本書の提言

これらのことは、住宅業者はもちろん当事者のエクステリアメーカーやエクステリア業者さえよくわかっていない可能性があります。

ただこれまでの慣例に倣っているだけ、という営業マンも多いからです。そこで本書は提言したいと思います（図表23）。

【図表23　本書の提言】

◎外構予算は建物の10％（1割）という全く根拠のない数字（分母）を用いるのを止めよ！
◎外構予算を算出する際は、
「庭平面積（不動数）」＋「仕切り立面積（動数）」＝【外構延べ面積】の数式を用いよ！

つまり、外構予算は建物価格にとらわれることなく、施主さま自身が自由に設定すべきことであり、その予算に応じて外構のみグレードを落としたり施工を諦める従来の方法は、何より施主さんのためになりません。後のことも考慮し、建物も含めた予算配分を施工面積で調整していく考え方を推奨します。

「よい住まい」とはバランスです。そういった提案ができるのが、あなたの町のエクステリア業者であり、エクステリアプランナーなのです。

8　中古・建売・分譲の外構について

古い物件には特に注意

ここまで新築の一戸建て住宅（注文住宅）をつくる場合の大切なことや注意点を「外構・エクス

テリア」の視点から話しましたが、住まいづくりは必ずしも新築をつくる人ばかりではありません。

この項では、中古住宅や建売住宅を購入する場合についてお話したいと思います。

①中古住宅を購入する（または全面リフォームする）場合の外構

中古住宅でも比較的新しいものはよいのですが、古い物件には注意点が多くなります。駐車スペースに何台の自動車が停められるかは、ある程度目視で確認できますが、古い物件は奥行きが狭い場合が多く、必ず実測するようにしましょう。

植栽の状況も確認してください。根が配管を詰まらせていたり、そうでなくとも近い将来その可能性があるかなどは見落としやすいポイントです。

ブロック塀やフェンスがあるなら、その劣化状況を確認することは大切です。誰でも中古物件を購入する、あるいは全面リフォームをする場合、なるべく費用を抑えたいというコスト優先の心理が新築以上に働きます。その結果、暮らしにすぐ直結しない外構は後回しになりやすくなります。

②建売住宅を購入する場合の外構

一般的に、駐車スペースやアプローチ、また隣地境界のブロック・フェンスの外構なども終わっているため、特別注意すべき点はありませんが、後から改修工事をすることの多い物件として、駐車スペースから庭に直接出入りできる庭の勝手口が施されてないということやその勝手口階段が駐車スペースにせり出していることが挙げられます。

この勝手口がないと、自動車を停めた後に一旦家に入ってから、庭に向かわねばならなくなってしまいます。また、道路境界や駐車スペースから敷地や庭への仕切りが法面（斜面）になっていて土が道路や駐車スペースに流れ込んでしまったり、最近では、建築費をおさえるため庭が全面アスファルト舗装の建売もあります。

アスファルトはコンクリートに比べ初期費用が安く済みますが、ひび割れやくぼみなどができやすく耐久性が低いため、補修など維持管理費用が必要になります。また、熱をため込む性質があるため、夏場の暑い時期の照り返しや、小さな子どもの火傷にも注意する必要があります。

購入時に見ているはずなのに……

購入時、当然それは見て確認しているはずなのですが、住んでから不便さを感じ、せっかく安く建売住宅を購入しても後から費用がかかってしまうケースが多発しています。

③分譲地（建築条件付き）を購入する場合の外構

分譲地域は大半が建築条件付きの物件です。そのため建物の住宅業者も決められていることがほとんどで、外構もその下請け業者が施工するのが通例となっています。外部のエクステリア業者が工事を請負うことは一般的には難しくなっています。

どうしても外構にもこだわりたいという場合は、外構分離発注をお願いしてみるか、その下請けのエクステリア業者の実績を住宅業者の営業マンに尋ねてみるのもよいでしょう。良心的な業者であれば、可能な限りの相談に乗ってくれるケースもあります。

コラム：マンションのエントランスは参考になる？

デザインを一戸建てに採用

狭い敷地のエクステリアという視点で見ると、マンションのエントランスは参考になります。マンションのエントランスは建物全体の入り口であり、そこに住む人はもとより、訪れる人に様々な印象を与える「マンションの顔」ともいえるスペースです。「マンションの顔」ですから、全体のイメージを決めることにもなりますし、部屋の中と同様、そのマンションに住むことを選ぶ後押しをする役割さえ担っていますから、経営者はあらゆる工夫を凝らしているのです。

自動ドアやオートロックを設置すべしというのではありません。一戸建て住宅とマンションではもちろん機能が違えば、施工法も規模も違いますが、植栽の使い方や採光の方法、またデザイン性などは大いに参考にしていただきたいのです。

気に入ったマンションに行って、「このデザインや色調を一戸建てで採用するとどうなるのかな」と考えるのも楽しいですし、写真を撮って外構業者に「この写真のようなイメージでできませんか？」と相談すれば、カタログ代わりにもなります。

マンションの顔として豪華なエントランスもありますが、反対にシンプルで簡素化されたエントランスもあります。それでも植栽の緑が上手に使われて開放感がアピールされていたり、光の取り入れ方にこだわり明るい雰囲気をつくり出しているなど、挙げればキリがないほどです。小さなエントランスであっても、いかにそれを広く見せるかなどの工夫が施されている場合も多いのです。

エントランスは元々風よけや雨よけのためにあるものです。小さなエントランスのつくりは、一戸建ての玄関ポーチに通じるところもあるでしょう。小さな空間を上手に、そしてお洒落に使うためのヒントが盛りだくさんです。

アパート、マンション経営者も一戸建てを参考に

反対にマンションやアパートの経営者の人にとっても、一戸建て住宅の工夫された庭は参考になるかもしれません。とかくアパートなどは玄関ドアを開けたとき、部屋の中が外から丸見えになってしまうことがあります。防犯の意味でも、一戸建ての目隠しの仕方や、境界線仕切りフェンスなどの使い方はアパートにも使えるでしょう。

建物の改築をお考えなら、ぜひ一緒に駐車場にこだわってみるのはいかがでしょう。駐車場はエントランスへと続きます。一戸建て住宅のようなヨーロピアン調の本格石敷きの駐車場やアプローチ部分をつくることで、他と差別化できるのではないでしょうか。

アパート、マンション。そして一戸建て住宅。この両者はつくりも規模も違いますが、外部の人の目に触れるのは、まず外構であるということは共通しています。

「あのお洒落なマンションに住みたい！」と言ってもらうためにも、ぜひ外構に一工夫を。

第7章

新常識7

住宅業者に主導権はない。施主はあなたです！

「家パパさん」と「庭スマさん」⑦上棟式？

家パパ：実は職場の近くに今新築中のお宅があって、休憩時間になると見学させてもらってるんですよ。駅のそばで、それほど広い土地ではないのですが、参考になるかなと思って。

庭スマ：さすがです！　すばらしい心がけですね！

家パパ：施主さんらしきご主人がいつもいらっしゃるんで、私もすっかり顔なじみになっちゃいました。熱心に大工さんたちともお話されてました。

庭スマ：家パパさん、現場の職人さんに話を聞いたりコミュニケーションを取ったりすることはとても大切なんです。すばらしいご主人ですね。

家パパ：今度の週末、上棟式をやるっておっしゃってました。そのための準備が大変だって。そういう行事もあるんだなあって自分のときのことも考えちゃいましたね。できればそういった面倒なことも住宅業者にお任せできないものでしょうかねえ……。

庭スマ：家パパさん、上棟式って何のためにやるか知っていますか？

家パパ：まあ、職人さんの「お疲れさま会」みたいな感じですか？

庭スマ：それももちろんありますね。でもそれ以外にも大切な目的はあります。工事の安全と住まいの無事、そこに住む人の幸せを願ってやることなんです。

家パパ：だったら工事関係者だけでやってもよくないですか？　実際に工事をするのは職人さんだし……。

庭スマ：家パパさん。どうやら施主というのがどんな立場かわかってないようですね。もし家パパさんが家をつくるときは、家パパさんが施主になります。工事が始まったら全部職人さんに任せて自分は何もしないつもりですか？

家パパ：そういう訳じゃないですよ。たまにはお茶の差し入れとかもしなきゃと思っています。

庭スマ：それだけ？

家パパ：他に何かあるんですか？　だってこちらはお客さんだし、家づくりは素人だし……。

庭スマ：もちろん工事を手伝えってことじゃありません。あるいは家づくりの途中で万一事故があったり、話の行き違いで計画通りに工事が進まなかったりした場合でも工事を請け負った住宅業者やエクステリア業者がその責任は取ってくれるはずです。でもそれに気づかずに工事が進むことだって当然考えられるわけです。そのミスは最終的にすべて施主に返って来ますよ。実際、その家に住むのは施主さんとそのご家族なんですから。

家パパ：そうか……極端な話、耐震工事が中途半端なままで、いざというときに屋根が崩れてきたら賠償問題どころではなくなるということですね……。

庭スマ：そうですね。まあ、それは極端な例ですが、工事の安全を願うこと、職人さんに気持ちよく工事をしてもらうことは、施主さんの大切な仕事です。お金の問題ではないんですよ。
家パパ：わかりました。施主にもちゃんと役割があるんですね！

1　施主はあなた。お金を出すのもあなた

施主は住まいづくりの責任を負う

理想の住まいが欲しいのに、つくれない。その原因は様々ですが、やはり最終的には施主さんの住まいづくりの知識が乏しいというところに行き着きます。知識がないから自信がない。自分の考えが持てずに、周囲の声（住宅業者やネット情報など）に惑わされてしまうのです。

知識に乏しい施主さんが迷っていれば、住宅業者が自分たちにとってプラスになる売上の大きいプランをすすめるのは当然です。悪気はありません。住宅業者の営業マンは自社の家づくりに自信がありますし高価格の家は高品質で、お客様、つまり施主さんにも喜んでもらえると信じています。そういう意味では、住宅業者にももっと勉強してもらわねばならないのですが、勉強せずに後悔することになるのは、お客様の方です。

本書の初めに、住まいづくりとは「一大プロジェクト」であるとお話しました。それは、住まいづくりにはたくさんの人が関わり、知恵と技術を出し合って「理想の住まいをつくる」というプロジェクトです。誰にとって理想の住まいでしょうか？　もちろん施主であるあなたです。

施主とは、お金を出す人でもありますが、同時に住まいづくりの全責任を負う人でもあります。だからこそ「施工の主」なのです。どんなに立派な家であっても、あなたにとって理想的でなければ、それは失敗作です。

施主が、ひとたび業者に任せたなら、失敗も成功も責任はあなたにあります。ですから、何としてでも「理想の住まいづくり」のための知識を身につけて、プロジェクトを成功させてほしいのです。

住まいづくりの大切な10個のこと

プロジェクト成功のための知識とその知識を得るための方法については、ここまでお話してきたとおりです。ここで一度整理してみましょう。

①住まいづくりに関わる人（業者）たちを知っておく。
②住まいづくりに出てくる用語を知っておく。
③住まいづくりの基本的な流れを知っておく。
④事前に信頼できる情報を集めておく。
⑤住宅業者に相談するときは、外構分離発注がベストであると知っておく。
⑥「先庭家後」の意味を知っておく。
⑦工事前なら間に合う。業者には自分と家族の考えと意見をはっきり伝える
⑧業者選びは相性のよい業者を探す。

⑨会社の規模や名前で業者選びをしない。
⑩相見積もりで得する人は誰もいないことを知っておく。
大切なことを10個書き出しましたが、他にも大切なことはありました。もし忘れてしまったなら何度でも本書を読み返してください。住宅業者から一目置かれる存在になること間違いなしです。

2　週に1度は終日現場に張りついていよう

頻繁に見に行ってはジャマ？

住まいづくりは事前の打ち合わせと確認が最も大切です。その上で設計図と見積書を出してもらい、納得した上で住宅ローンなど資金の調達がOKならいよいよ着工です。

しかし「ようやくここまでたどり着いた。やれやれ……」と安心するのはまだ早いのです。施工するのが自分の意見を聞いてくれて任せられる住宅業者だとしても、特に建物の場合、実際の工事は住宅業者の下請け若しくは自社の職人さんが行います。当初の予定どおり工事が行われているか、話の行き違いはないか、など任せたとはいえ工事中のチェックは必要です。

そのためにもできれば施主さん自ら、工事期間中は毎日現場に足を運んで見学してもらいたいところですが、お仕事もあるでしょうし、現実には難しいという人も多いでしょう。

「あまり頻繁に見に行くと、職人さんの仕事の邪魔になるのでは？」と思われるかもしれませんが、そんな心配は一切無用です。安全に配慮し、邪魔にならないよう気を配りながら見学するのであれば全く問題ありません。少なくとも週１回は現場を訪れ、終日張りついているようにしましょう。工事の進捗具合はもちろんですが、特に自分で希望や意見を出したところは、その通りにちゃんとできているか、常に確認しておくことが大切です。

ただ、週末等の休日は作業もお休みの場合が多く、現場に職人さんはいません。その場合でも事前に施工業者の現場監督さんにお願いし、毎週末、一度は現場を見にいくよう心がけましょう。これから何十年と住む家です。着工から引き渡しまでの数か月、お腹の中の赤ちゃんを見守るようなつもりで通ってください。

定期的に現場に行き、終日張り付いていることで、現場監督さんや現場の職人さんたちも緊張感をもって工事に当たることができます。これは施主さんにとっても現場の人達にとっても、また住宅業者にとってもよいことです。現場で職人さんに出会ったら「暑いのに（寒いのに）ご苦労様です」などと明るく元気よく声をかけてください。

「見られている」と「見てくれている」

施主さんに「見られている」と感じるのは職人さんにとって、ちょっと窮屈かもしれませんが「見てくれている」と感じられるなら、それは大きな励みになります。そのためには「いつも懸命に工事をしてくれてありがとう。完成が楽しみです」という言葉をかけ、雰囲気をつくることです。

これは施主さんの役目ですよ。住まいづくりの最終的な責任は施主さんにあるのですから。これは決して現場監督さんにできることではありません。

3　気になること、変更したいことは遠慮なく言おう

質問や確認は早め早めに

見学に行った際、気になることがあれば、なんでも質問して確認するようにしてください。後でまとめてではなく、その都度です。万一、話の行き違いで最初の計画と違う施工が行われていたり、打ち合わせ時のイメージと著しく違ったつくりになっているときは、遠慮せず聞いてください。

ただし、何度もお話するように、建物を工事している職人さんは住宅業者の下請けもしくはその会社の現場職人です。契約時の営業マンではありません。職人さんは設計通りに工事をするだけですので、職人さんからは「それは会社の方に聞いていただけますか」と言われることもあります。その場合は現場職人さんではなく、必ず住宅会社の現場監督もしくは担当営業マンに聞きましょう。

こういった質問や確認は早め早めにすることが大切です。気になってもそのままにしておけば工事はどんどん先に進んでしまいます。手違いがあっても変更できる内に変更してもらわなければなりません。完成して引き渡しが済んでからでは取り返しがつかないのです。

「こんなこと聞いたら迷惑かな……」などの遠慮はいりません。もし行き違いやミスがあり、施

主さんが確認したことでそれが見つかったなら、業者にとってはありがたいことです。「質問」して問題がなければ、それでOKです。ただし、このとき決して「あら探し」なってはいけません。
あなたは、この一大プロジェクトの総責任者!『実るほど頭が下がる稲穂かな』
あくまでも施主さんが気になったことに対し、「質問」するというスタンスは忘れずに!

施主さんに声を挙げて欲しい!

建物は住宅業者の下請け会社若しくは請負った会社(元請け)の現場職人が工事を行いますが、外構は必ずしもそうとは限りません。施主さんが外構分離発注を選択した場合、工事については直接、エクステリア業者が施工まで行いますので、話の行き違いは少なくなります。

外構分離発注は連絡窓口や支払先が2つになるため、相談や依頼の時点では少々面倒な感じを受けるかもしれません。しかし地域密着型のエクステリア業者は比較的小規模な会社が多く、相談を聞いてくれた担当者が直接工事を行うことも少なくないため、工事が始まれば心強い存在です。何しろ工事中にも直接担当者に質問することができるのです。その中で急な計画変更が出た場合でも迅速・的確に対応してくれるはずです。

これはおそらく今、あなたが想像している以上に凄いことです。それはなぜか? 答えはこの後の項で詳しくお話しますが、エクステリア業者が熟知しているのは庭・外構のことだけでなく、建物や土地、植物、使用部材のことも理解していないと務まらないからです。

土地（敷地）のある場所、建物の向きや外壁、窓の位置、住む人の動線に至るまで把握し理解していないと、よい外構、よい住まいはつくれません。

建物と比べ、軽視されがちな外構（エクステリア）ですが、それは知識と経験を必要としないからでは決してありません。外構は個人の生命と財産に直結していないという社会の誤った認識が軽視させています。実際には防犯やプライバシー保全に重大な役割を果たしているにも関わらずです。

住宅業者の下請けとして外構工事を行う業者はこの感覚に乏しい、というより感覚的、経験的にわかっていてもできない立場にいるのです。こういった現在のシステムがある限り、同じような状況は続くでしょう。これは住まいづくりというプロジェクトにとって最も憂慮すべき問題です。

ここは1つ施主さんに声を挙げていただきたいと願うのですが、それには自分の住まいに対して理想を高く持ってもらわねばなりません。「わからないから何でもいい」はダメなのです！

4　エクステリア業者と上手に付き合う方法

エクステリア業者が建物まで請け負わない理由

住宅業者は建物だけでなく外構の設計・施工も請け負います。しかし、その外構は当然建物優先のデザインになりますし、後回しになってしまうということはここまで繰り返しお話してきました。

外構というものは深い知識がなくても、それなりのものができてしまうイメージがあるのでしょう。そのためになおさら軽視されてしまう傾向があります。要するに、引き渡しの時点でまずまずきれいに仕上がっていれば問題ないわけです。

対してエクステリア業者、特に1級エクステリアプランナーを擁するような会社は、住宅に関する一通りの知識を持っています（建築士の資格を持っているプランナーも少なくありません）。

しかし、エクステリア業者は稀なケース以外、家づくりを請け負うことはありません。施主さんに相談されれば、工務店などの住宅業者を紹介することはあるかもしれませんが、直接家づくりを請け負い、建物から外構まですべて施工することは、ほぼないと言ってよいでしょう。

それは技術や法的なことではなく、経験上、あるいは住宅業界のシステム上、施主さんのためにならないということがわかっているからだと思います。

もし、エクステリア業者が建物まで請け負ったらどうなるでしょう。当然売上が大きくなる建物を優先した設計を施主さんに提案することになるでしょうし、工事も下請けや別会社がすることになるでしょう。しかし、それでは住宅業者のやり方を真似ただけ、施主さんのためになりません。

あくまで外構・庭づくりの立場で、直接施主さんの希望を聞きながら、理想の住まいづくりに貢献したいというのが、エクステリア業者の矜持であり、良心であると思っています。

稀なケース以外、家づくりを請け負うことはありませんとお話ししましたが、あるエクステリアプランナーさんと施主さんの例をご紹介します。

その施主さんは家を建てようと数件の住宅業者を訪ね歩いていました。しかし施主さんの思うような提案をしてくれる住宅業者は一向に現れません。それもそのはず、その施主さんは外構と庭に重きを置いた家づくりをしたかったのですから。優秀なスタッフがそろっているであろう大手住宅メーカーや建築事務所を訪ねたこともあります。そこはもちろん立派な家は提案してくれるのですが、外構・庭についてはありきたりのプランばかり。

業を煮やしたその施主さんは、こうなったら外構・庭のプロに家づくりをお願いしようと、あるエクステリアプランナーの戸を叩きました。そのプランナーは建築士免許も持っていたので、事情を聞くとそのお仕事を快く請負ったそうです。

後にその方は、施主さんと住宅業者から「挑戦状」を受け取った気持ちだったと、その当時を振り返っておられました。結果はもちろん、施主さんの思い通りの〝住まい〟が完成し、大満足していただけたということです。

そんな出来事があっても、そのエクステリアプランナーは自分の立ち位置を見失わず、今でも外構・エクステリア業を生業として、住宅業界を牽引されています。

上手に付き合う方法はただ1つ

エクステリア業者にとって住宅業者はライバルとも言えますし、別業種の存在であるとも言えます。外構施工の受注という意味ではライバルですが、建物と外構は基本的に別物ですので、別業種ということもできるのです。

それは家具・カーテン等のインテリアと建物が別業種であるのと同じで、エクステリアと建物も似て異なる、別物ということです。共通しているのは「住宅関連」ということくらいでしょうか。

しかし、エクステリア業者と住宅業者をライバルとして比較するには、あまりに会社の規模が違いすぎます。大手住宅業者のようにテレビコマーシャルを流し、知名度が高いわけでもありません。規模の違いは、エクステリア業者（販売工事店を生業としている会社）として上場している会社は1つとしてないということからもわかると思います。

それでもエクステリア業者は必ず施主さんの住まいづくりの大きな力になります。上手に付き合えば、その知識と技術を惜しみなく提供してくれるでしょう。

エクステリア業者と上手に付き合う方法は、たった1つです。

それは「信頼する」こと。これに尽きます。

ぜひ直接、そのエクステリア業者の話を聞いて信頼できる業者かどうかを判断してください。知名度や会社の規模、見積額で判断するのではなく、正直な業者、相性のよさを感じる業者を選んでください。

もし見積額が予想していたより高かったとしても、信頼して上手に付き合うなら価格以上の外構に仕上がることがあります。住宅業者と同じエクステリアを使った場合でも、施工技術によってこれほどまでに仕上がりが違うのかと、驚きの声をいただくことが実際にあるのです。

5　エクステリア業者を上手に活用する方法

エクステリアの視点で建物を考える

外構は分離発注することで、理想の住まいにつながる外構に仕上がることは間違いありません。さらに選んだエクステリア業者を信頼することで上手に付き合うことができますし、上手に付き合うことができれば、エクステリア業者を活用することさえできるようになります。活用するのはエクステリア業者の知識と経験です。

「先庭家後」を原則として住まいづくりを考えるなら、エクステリア業者に施主さんの住まいづくりの全体像を相談することができます。住まいとしてのイメージ、それに合わせた各エクステリア、駐車スペースやブロックやフェンスまでデザインした上で建物の間取りや広さを決めますから、エクステリア業者からの視点で理想の住まいを施主さんと一緒に考えることができるのです。

また、エクステリア業者の立場から、住宅業者と建物の打ち合わせをする際に気を付けることや、営業マンに伝えておくべきことのアドバイスもしてもらえます。住宅業者に外構を一括発注してしまうと、建物づくりの視点からのアドバイスしかもらえないことになり、後から不便なことに気づいたり、どうにも見映えのしない外構になったりしてしまいます。

建物と外構はセットであり共存すべきものですが、基本的には別物です。ですから別の視点で見ることが大切なのですが、それができなくなってしまうのです。

例えるなら、スーツの仕立て屋さんに靴づくりも一緒に頼むようなもの。エクステリア業者の知識と経験を引き出すのは施主さんです。そして、それによって近づくのは、外観も使い勝手もよい、理想の住まいです。

住宅業者と交渉も

エクステリア業者の視点と意見・アドバイスは必ず施主さんの住まいづくりに役立つでしょう。もし施主さんが住宅業者と意見の相違で、希望通りの建物にならない可能性が出たとき、またそのことで工事が遅れそうになったとき、エクステリア業者はどうするでしょう。

信頼できるエクステリア業者は施主さんの代理人として住宅業者と交渉してくれる場合があります。これも外構分離発注した際の大きなメリットであり、エクステリア業者の活用法です。分離発注したエクステリア業者は、立場的には住宅業者と同じです。

「施主さんはこのような外構を希望しています」と外構についての詳細を説明しながら、住宅業者に意見や提案をすることができます。これは住宅業者の下請けをしているエクステリア業者には絶対できないことです。

外構を分離発注することで得られるものは、住まい全体によい影響しか与えないということがおわかりいただけると思います。

6　理想の住まいづくりの手順

施主さんの理想のために

　エクステリア業者は住まい全体のことを考える立場であり、建物も含めた住まい全体の相談をして構わないということです。外構の施工は本来、住まい全体を考えなければできない仕事だからです。

　外構分離発注をしなければ、それは不可能です。もちろん住宅業者が持つ、よい家づくりのための知識と施工法は優れたものがあります。建物については施主さんご自身の希望を伝えながら、住宅業者にその知恵を存分に出してもらうのがよいでしょう。信頼できる住宅業者なら、それに十分応えてくれるはずです。

　しかし、そんな住宅業者であっても、こと外構となると、エクステリア業者から見て「なぜ？」と首をかしげたくなる事例があまりに多いのです。

　理想的な住まいづくりとは、施主さんにとって理想的な住まいをつくるという意味です。その理想のため、住宅業者とエクステリア業者がそれぞれの知識と経験、技術を活かすことが何より大切であるということに議論の余地はないでしょう。１＋１が３にも４にもなるのです！

　第１章で住まいづくりの基本的な流れのフローチャートを紹介しました（図表24）。ここではあえて、住まいづくりの理想的な流れをフローチャートにしてご紹介します。

【図表 24　住まいづくりのフローチャート比較】

●一般的な住まいづくりのフローチャート

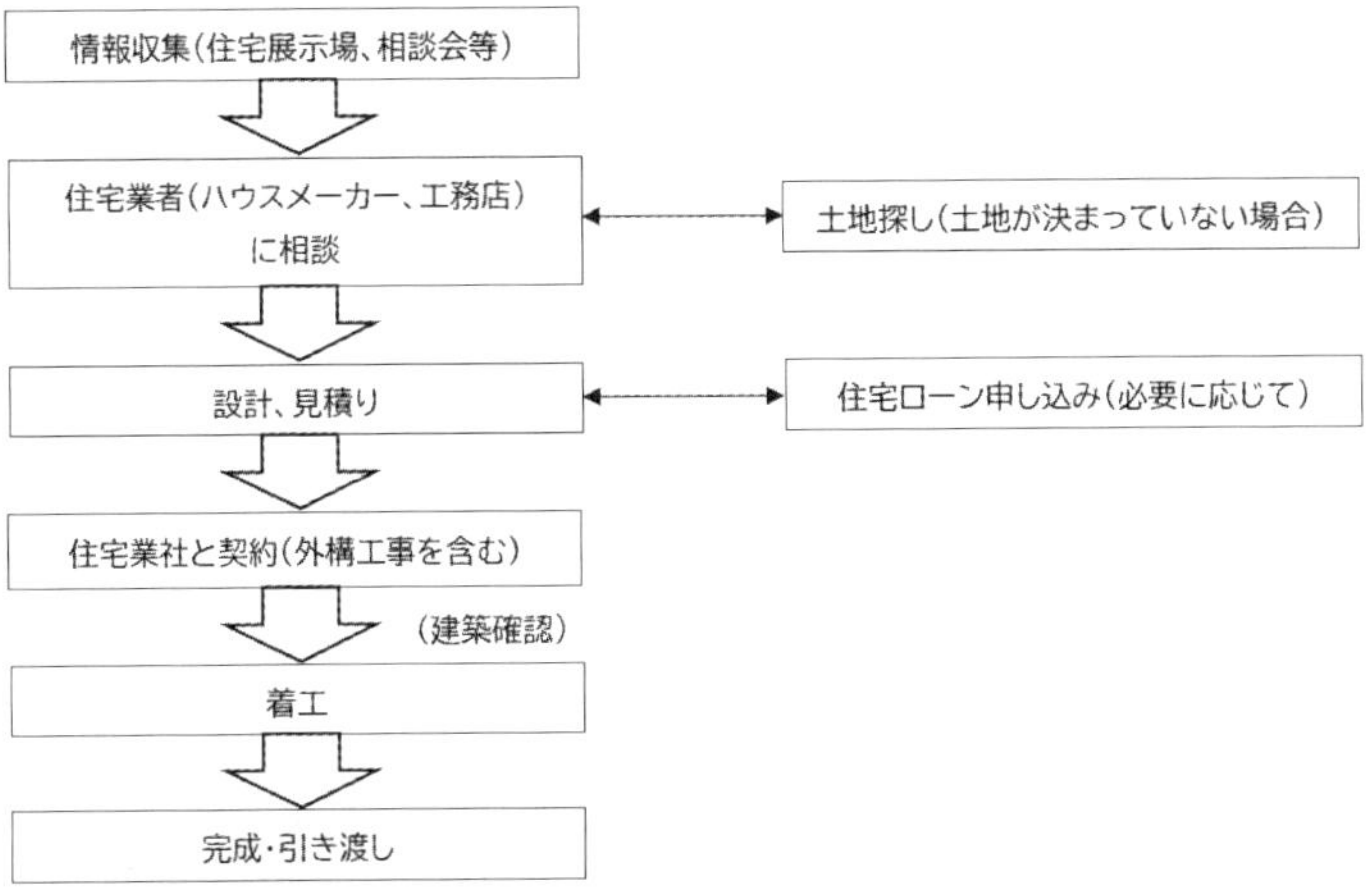

●理想的な住まいづくりのフローチャート

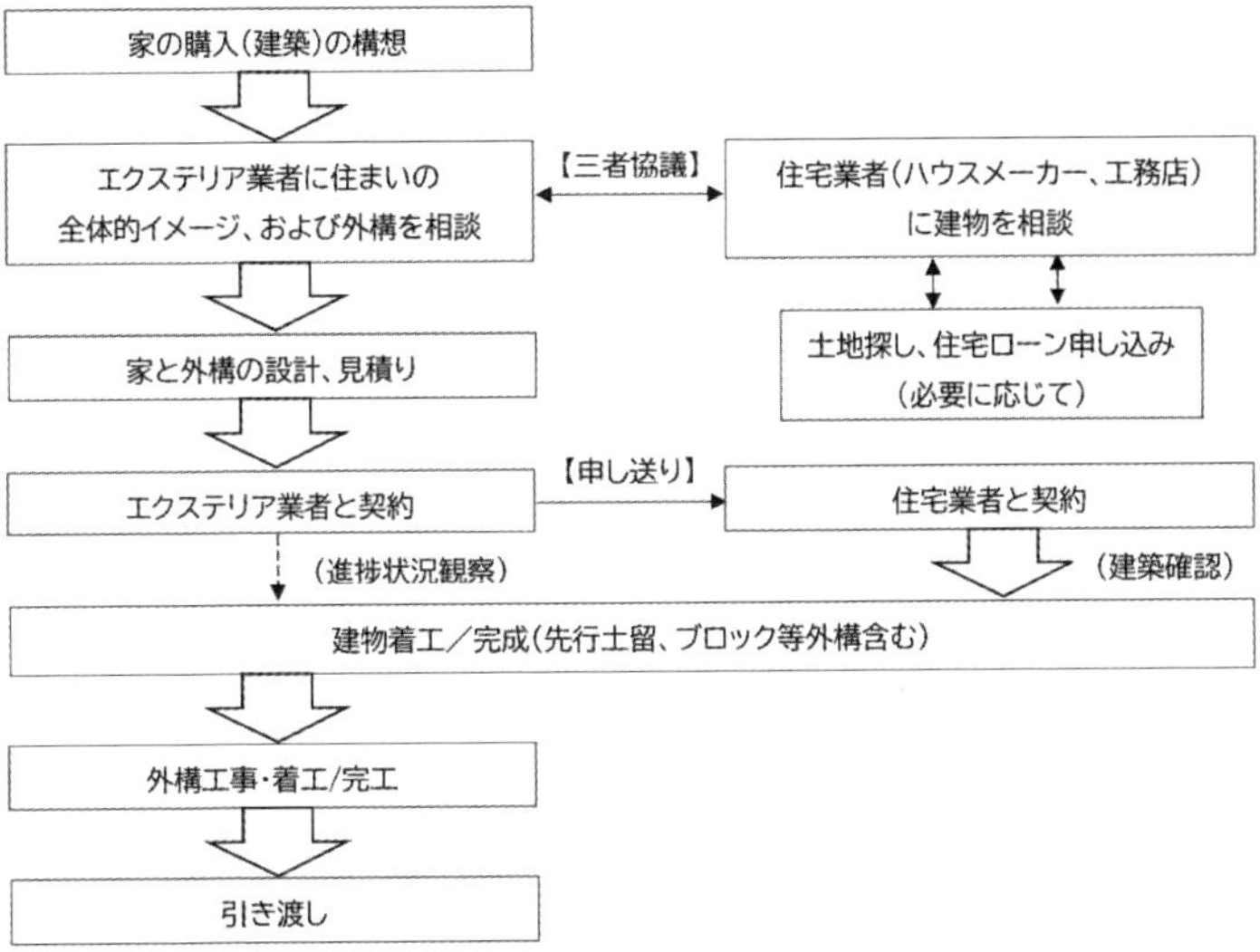

両者でどこが違うのかよくご覧になってください。その違いが後々大きな違いとなって施主さん自身に返ってくるということを、ぜひ知っておいていただきたいのです。

7　100%満足できる家はあるのか

10年経っても満足?

これらの手順を踏んで住まいづくりを進めるなら、理想の住まいに大きく近づくはずです。

理想の住まいというのは人それぞれ違って当然なのですが、それは満足できる家のことを指すのでしょうか。そもそも100%満足できる家というのはあるものなのでしょうか。

しっかりしたつくりの家であっても、10年経つと何らかの改装箇所が出て来ることが多くなります。小さかった子どもたちも成長し、自動車を運転するようになったり、また親元を離れて独立することもあるでしょう。10年経つと、家も家族も変化するということです。

そのときにどう思うのか。10年経っても20年経っても「100%満足しています」と言えるなら、その家は住む人の「住まい」に、ちゃんとなっているということです。

100%満足の住まいとは

では10年後、100%満足していなければ、その人の「住まい」になっていないのでしょうか。

そうではありません。満足できるかどうかというのは、住まいづくりのプロセスにおいて自分や家族の希望がきちんと反映されたものだったか、ということにかかっています。

細かい部分では「もっとこうしておけばよかった」という反省もあるでしょう。しかし最初の段階で自分の希望が反映され、それに合わせた業者の知恵と工夫が施されているなら、それは後からでも修正できる程度の小さな問題である場合がほとんどです。

「１００％満足できる家はあるのか」と問われれば、それは築後2年〜3年で出る答えではありません。ただし、慣例に捕らわれず、新築の時点で最善を尽くすということ。そして後悔しない住まいづくりを目指すということに重きを置くなら、それは十分に実現可能です。

10年後、20年後が楽しみな住まいを、一緒につくろうではありませんか！

8 立派な「家」ではなく、オンリーワンの「住まい」を

「ハウス」と「ホーム」

「家」とは建物のこと。実際、よい家や立派な家はお金を出せばいくらでもつくれます。しかし、「住まい」はお金ではつくれません。「人」がその場所の「主」になり、暮らし始めて「住まい」になります。住むところとは単に雨露をしのいで寝泊まりするだけの場所ではないはずです。

立派な家は住宅業者の優秀な施工技術でつくれます。つくりもしっかりしていて、モダンなデザ

インの立派な家です。しかしそれは、ともするとどれも同じような家、個性に乏しい家になってしまうのですが、これは仕方のないことです。その家に個性を与えるのは、あなたの考え方と決断にかかっています。

個性のある家は、家族も喜んでくれます。喜びのある家は、笑顔であふれます。みんな毎日この家から出発し、この家に帰ってくる。それが「住まい」でしょう。あなたと家族の笑顔、夢がそこになければ「住まい」とは言えません。たとえ似たような家が他にあったとしても、そこに住むあなたと家族は世界でたった1人です。世界でオンリーワンの存在がその家に住むなら、オンリーワンの住まいになり得ます。

家と外構と、オンリーワンの家族が理想の住まいをつくり出すのです。そのために住宅業者もエクステリア業者も、持てる知恵と技術で一緒になってあなたの住まいづくりを応援します。どうか遠慮せず、どんどん相談してください。住まいづくりの総責任者は施主さんです。主導権は施主さん、あなたにあることをくれぐれも忘れないでください。

「ハウス（家）」を「ホーム（住まい）」にするために、住まいづくりのプロジェクトをぜひ成功させましょう。

「家庭」とは

ここで本書の著者であり、住景観建築家にして1級エクステリアプランナーの私こと丸山マナブが、外構の設計・施工をする際にいつも心に置いている言葉をお贈りして終わりたいと思います。

「家」＋「庭」＝「家庭」。

建物＝家が丈夫な体で家族を守るお父さん。外構＝庭がそれを優しく広い心で包み込むお母さん。

そして、そこに住むのが子どもたち、あなた施主さん家族です。私が思う【家庭】とは、

「家屋（物）」と「庭」の「家庭」ではなく
「家族（人）」と「庭」の【家庭】です。

「家パパさん」と「庭スマさん」⑧庭スマさんからのメッセージ

家パパ：庭スマさん！　先日お話した職場近くの新築中のお宅、外構工事が始まったのですが、
それがすごくカッコいいんですよ！　それでご主人にお話を聞いたら、外構は分離発注されたそうなんです。
庭スマ：やはりそうですか。
家パパ：「いいエクステリアですね」なんて話をしていたら、ご主人が「ウチの業者さん紹介しましょうか」って。すごくいいエクステリア業者さんなんですが、ただ、私にはもっと相性のいいエクステリアプランナーが付いているので、丁重にお断りしました。庭スマさん、
私の住まいの庭と外構、よろしくお願いします！

庭スマ：はい、もちろん喜んで！　家パパさんも最初はどうなるかと思いましたが、本当によく学んできましたね。ここでおさらいしてみましょうか。

家パパ：「先庭家後」！

庭スマ：はい、その考え方から住まいづくりのすべてが始まります。

家パパ：そして外構は住宅会社に任せず、分離発注せよ！　ですね。

庭スマ：そうです。「先庭家後」を実践するなら、外構分離発注せざるを得なくなります。

家パパ：はい。さっきのご主人のお宅でそれを実感しました。

庭スマ：さすがです！　実際に現場を見て学ぶのが一番ですよ。

家パパ：事前に必ず自分の希望を業者に伝えておくことも大切でしたよね。私の場合、子ども部屋3部屋はやっぱりキツイかなって妻とも話していたところなんです。もし受験勉強などで将来必要になったら「離れ」をつくるのもいいかなって考えています。

庭スマ：さすがです！　よいアイデアですね。ただし「離れ」をつくった場合、親子の会話がなくならないようなコミュニケーションは必要ですね。

家パパ：はい、だから寝る時は母屋に戻るように言うつもりです。家族みんなで寝たいんですよ。あ、イヌも一緒にね。(笑)

庭スマ：いいですねえ。家パパさんらしいです。でもご家族の意見も聞かないといけませんよね。今度ゆっくり奥さんも交えて一緒に考えましょう。焦ることはないですから。

家パパ：もう1つ大切なことは業者は会社の規模や価格で選ばない！　相見積もりで業者を「比べる」のは、プロでも難しく、結局、非合理で誰も得をしない！

庭スマ：そうです。では、選ぶ基準は何でしたっけ？

家パパ：見積り前の業者「選択」こそ大事な作業で、相性のよい業者ですよね。相性のよい庭スマさんならきっと価格に見合った素晴らしい外構にしてくれると信じてます。

庭スマ：ありがとうございます。その言葉がエクステリア業者のやる気とアイデアをさらに引き出してくれます！　きっと家パパさんとご家族にとって理想の住まいになりますよ。

家パパ：嬉しいです。よろしくお願いします！

おわりに

私が本書の出版を思い立ってから数年が経ちます。外構・エクステリアの業界に20年身を置き、「今の住宅業界の仕組みは、本当に施主さんのためになっているのだろうか」という疑問が日増しに強くなったことが、出版の大きな理由です。

本文にもありますが、住まいづくりは一大プロジェクトです。だからこそ、本書を何度も読み返し、勉強していただきたいのです。エクステリア業者に直接工事依頼するにしても「住宅業者より安く済むから」という安易な理由は感心しませんし、それでは本書を読んだ意味がありません。

私はエクステリア会社の代表を務め、数名の社員も抱える立場でありながら、お金の額で施工を請け負ったことは一度もありません。私が仕事をやらせていただきたいと思えるのは、私を本当に信頼してくださるお客様からのご依頼のみです。事実、時に数千万という多額の予算を提示されても、相談当初から私を信頼いただけていないと思われるご依頼はすべてお断りしてきました。その度に妻の機嫌は悪くなりますが……。

仕事を通してさらに深まるお客様（施主さん）との絆を何より大切にしてきたという強い思いもあります。施主さんとそのご家族が笑顔で「理想的な外構（住まい）になりました。丸山さんにお願いして本当によかった」と言ってくださること。それこそが私の誇りです。

ですから本書を読んだ業界関係者は少々違和感を抱くかもしれません。それもそのはず、少々「変わった男」が既成概念に囚われることなく、正直に住まいづくりの新しいスタンダードを書いた本なのですから（笑）。

内容的には少々キツイ表現だったり、大袈裟な言い回しがあるかもしれません。それでも本書は、施主さんのためになり、住宅業界のためにもなると確信しています。

私の、そして本書の真意は、施主さん、住宅業者、そしてエクステリア業者の皆さまがよい関係を築くなら、どんな人の想像も遥かに超えた幸せが訪れるということです。それは社名の『セレン・トセンド』にも込められております。詳しい社名の由来をお知りになりたい方は“セレン・トセンド”と検索してご覧になってください。本書が施主さんはもちろん、関係各所皆々様の「理想の住まいづくり・ものづくり」の一助となることを願ってやみません。

最後に本書の出版に当たり、編集協力いただいた高井透様、すてきな推薦の言葉をいただいた古橋宜昌様、來嶋真也様、ご多忙中イラストのご協力をいただいた中里瑞希様、小さな会社にも関わらず親身に対応してくださるお取引業者様、毎日暑い中（寒い中）一生懸命仕事に励んでくれている会社のスタッフの皆さん、そして愛する妻の宏美さん、多大なご協力をいただいたすべての皆さまに心より感謝を申し上げ、おわりの言葉とさせていただきます。

２０２１年３月

丸山マナブ

著者略歴

丸山　マナブ（まるやま　まなぶ）

1970 年 仙台市 生まれ。
セレン・トセンド株式会社代表取締役。住景観建築家、1 級エクステリアプランナー、二級建築士、ブロック塀診断士。（一社）日本エクステリア設計協会正会員。
地元中堅ゼネコン、エクステリア設計・施工会社、大手ハウスメーカー関連子会社の支店長を経て、2005 年独立。当時としては東北初の 100％エンドユーザー対象 (B2C) のエクステリア設計・施工会社「ミヤヴィランドスケープ」設立。
2007 年、東洋エクステリア（現・LIXIL）エクステリア施工コンテスト・リフォーム部門／金賞（東北で初の金賞受賞）、エスビックエクステリア施工写真コンテスト・アウター部門／最秀賞。マチダコーポレーション住景観施工写真コンテスト '07・新商品部門／敢闘賞。
2015 年、セレン・トセンド株式会社設立。2021 年、「お客様主導の後悔しない住まいづくり」のための「庭から考える住まいづくり」【庭スマイル EX】開設。
（https://serentsend.com/lp/smile-ex/）

７つの新常識！　家づくりは、庭・外構から始めよう
―「後悔しない住まいづくり」は、まず「エクステリアプランナー」に相談！

2021年４月２日　初版発行　　2024年１月31日　第３刷発行

著　者　丸山　マナブ © Manabu Maruyama
発行人　森　　忠順
発行所　株式会社 セルバ出版
〒 113-0034
東京都文京区湯島 1 丁目 12 番 6 号 高関ビル 5 B
☎ 03（5812）1178　　FAX 03（5812）1188
http://www.seluba.co.jp/
発　売　株式会社 三省堂書店／創英社
〒 101-0051
東京都千代田区神田神保町 1 丁目 1 番地
☎ 03（3291）2295　　FAX 03（3292）7687

印刷・製本　株式会社丸井工文社

Printed in JAPAN
ISBN978-4-86367-648-0